JN005208

遺跡と現代社会

櫻井　準也◎著

六一書房

はじめに

本書は，考古学の立場からわが国の近現代遺跡や遺跡と現代社会とのかかわりについて論じた論文や研究ノートをまとめたものである。本書は「第1章　発掘された日本の近現代生活」，「第2章　現代社会の中の遺物と民具」，「第3章　遺跡まつりにみる遺跡の活用」の3章で構成されるが，これらは旧石器時代研究や縄文時代研究といった学生時代に学んでいた日本考古学の研究分野とかけ離れたものであり，「新しい」として発掘現場で捨てられる運命にあった資料，あるいは遺跡や遺物が絡んでいるものの正統派考古学研究者にとって興味のない，現代の造形物や地域イベントの調査報告である。しかしながら，「新しい時代の考古学」が徐々に注目され，遺跡の保護だけでなく活用が叫ばれている昨今，こうした考古学と現代社会との関係を探る研究は重要視されるべきであると思っている。

以下でこれらの論考の執筆の経緯とその内容について簡単に説明したい。まず，第1章の「発掘された日本の近現代生活」は主に生活史という観点から，出土した近現代遺物によって得られる様々な情報や研究成果について述べたものである。

わが国で発掘調査に従事していると調査の初期段階で近現代遺物に遭遇し，興味を惹かれる調査員は少なくないが，私もその一人であった。私が近現代遺跡と最初に出会ったのは，大学院生時代の1984（昭和59）年，場所は東京都港区の郵政省飯倉分館構内遺跡（麻布台一丁目遺跡）の発掘調査においてであった。この遺跡は江戸時代の大名屋敷跡であったが，表土から近現代の遺物が大量に出土した。この調査を担当したメンバーは私も含めて縄文時代や旧石器時代など先史考古学を専攻していた大学院生や学生がほとんどであり，この遺跡の調査を契機として近世考古学に興味を持つ大学院生や学生はいたものの，残念ながら近現代の遺跡や遺物を研究対象にしようという学生は皆無であった。しかし，軍事郵便のスタンプなど旧逓信省関連の貴重な遺物が出土し，調査団長であった慶應義塾大学の鈴木公雄先生が戦時中の防衛食の容器を気に入ったこともあり，本遺跡では何の抵抗もなく近現代遺物の実測図を作成し，報告書に掲載したが，これが近現代遺物を扱った最初の遺跡であった（港区麻布台一丁目遺跡調査会 1986『郵政省飯倉分館構内遺跡』）。

しかしながら，同じ近現代遺跡でも戦後の遺跡や遺物となると話は別である。当時は戦時中までが考古学の守備範囲であるというイメージがあったためと思われるが，私は郵政省飯倉分館構内遺跡の調査の 10 年後に通常は遺物として認識されずそのまま廃棄される運命にあった戦後の高度経済成長期の遺物に興味を抱き，調査結果を報告書に記載した。その遺跡は 1995（平成7）年に報告書が刊行された神奈川県藤沢市南葛野遺跡である（南葛野遺跡発掘調査団 1995『南葛野遺跡』）。この遺跡は旧石器時代や縄文時代の遺跡であったが，近現代では防空壕などとともに戦後のゴミ穴が検出された。ゴミ穴から出土した遺物は，陶磁器・ガラス製品・鉄製品・樹脂製品などの不燃物であるが，廃棄されたガラス瓶の製造年代や商品の発売期間などから遺物が廃棄された時期は戦後の高度経済成長期，遺物の所有者は比較的若い夫婦と子供からなる核家族で構成されると推定された。

こうした高度経済成長期のタイムカプセルのようなゴミ穴の出土遺物を用いて行った廃棄年代や家族構成に関する謎解きは楽しかったが，それによって近現代遺物の特性や調査法を学ぶことができた。さらに近現代という時代を研究対象とするため，様々な関連分野について学ぶことができたが，その一つが大正時代末期に今和次郎によって創設された考現学という分野である。考現学はフィールドワークによって当時の生活を詳細に記録した学問であり，その方法は考古学の手法に通じる部分が多いことに感銘を受けたことを記憶している。その後，近現代考古学に関する様々な研究視点から論考を発表し，学生向けの著作（桜井準也 2004『モノが語る日本の近現代生活』慶應義塾大学出版会』）を執筆することを通じて，学問分野としての近現代考古学を意識するようになった。

第 1 章の論考は第 1 節の「高度経済成長期の消費生活」，第 2 節の「発掘資料から近現代のライフスタイルを探る」，第 3 節の「近現代貝塚の発掘」，第 4 節の「近代食器の使用痕分析」で構成される。第 1 節の「高度経済成長期の消費生活」(初出2018年)は『尚美学園大学総合政策論集』に掲載された論考である。神奈川県横須賀市長岡南遺跡の出土遺物および前述した南葛野遺跡の出土遺物の分析結果から高度経済成長期の消費生活について論じた。これらはともに不燃物をゴミ穴に一括廃棄したものであり，出土遺物から私の子ども時代である高度経済成長期の消費生活の記憶が蘇ったが，逆に記憶に残っていない当時の生活状況も明らかになった。第2節の「発掘資料から近現代のライフスタイルを探る」(初出2022年)も『尚美学園大学総合政策論集』に掲載された論考である。出土遺物の使用者一家が特定された貴重な遺跡である東京都港区上行寺跡・上行寺門前町屋跡遺跡を中心に近代の消費生活について階層やライフスタイルという観点から論じたものである。

これに対し，第3節の「近現代貝塚の発掘」(初出2007年)はやや古い論考であるが，文化財保存全国協議会主催の貝塚シンポジウムの基調報告が雑誌『明日への文化財』に掲載されたものである。発掘調査を実施した「ヤキバの塚遺跡」は神奈川県三浦市の海浜部にある遺跡で，この地域には「ケンガラバ」という集落のゴミ捨て場があり，その多くが塚状を呈していることを1997(平成9)年に開催された『諸磯遺跡発見100年記念シンポジウム』の際に知ったことが契機となり，現地踏査を経て2002(平成14)・2003(平成15)年に発掘調査(トレンチ調査)を実施したものである。実際に発掘してみると，普段はゴミ穴に廃棄される近現代遺物が2m程に層をなして堆積している状況は壮観であった。また，発掘された明治初期から戦後にかけての生活財や漁撈具，各種の自然遺物から得られた情報は膨大であるが，ここでは発掘成果の一部を紹介している。第4節の「近代食器の使用痕分析」(初出2005年)もやや古い論考で三田史学会の『史学』に掲載されたものであり，陶磁器の食器の表面についた使用痕から箸やナイフなど使用された食膳具の種類や当時の食事作法が復元可能であることを論じたものである。食器の表面に残る使用痕については出土した近現代遺物を観察した際にその存在に気付いたものであるが，当時の人々の食事動作の痕跡が記録されており，近現代考古学においても使用痕研究が重要な研究手法であるという認識は今も変わっていない。

次に，第2章の「現代社会の中の遺物と民具」と第3章の「遺跡まつりにみる遺跡の活用」については，独自の視点から遺跡や遺物と現代社会の関係の一端を明らかにした論考をまとめたものである。従来の日本考古学では考古学と現代社会の関係を論じる際には「遺跡の保護」,「ナショナリズム」,「学校教育」,「ジャーナリズム」といったテーマが掲げられていたが,その後「観光考古学」や「ポピュラー・カルチャー」に関連する著作が刊行され，この分野の裾野が広がっている。また，「パブリック・アーケオロジー」の登場によって考古学と現代社会の関係が体系的あるいは実践的に議論されるようになったことも大きな変化である。その一方で，必ずしも学術的なものではなくとも遺跡や遺物が地域に根付いていることを示す痕跡は全国各地にみられる。私は全国各地の遺跡を訪れる際にこうした痕跡を記録し，古墳などの遺跡が関わるまつり（「遺跡まつり」）の調査を行ってきた。個人による調査ではこうした事例を網羅的に収集することは難しく，限られた事例の調査研究となっている点は否めないが，これらの事例は地域住民にとって遺跡や遺物がどのような存在であるか知る手がかりになると思われる。

第2章の論考は第1節の「考古系造形物の世界」，第2節の「民具と現代社会」で構成される。第1節の「考古系造形物の世界」（初出2016年）は『東邦考古』に掲載された論考である。遺跡や博物館の見学の際に見つけた，全国の遺跡公園や市街地に存在する遺物や遺構をモチーフとして制作された様々な造形物について紹介し，その性格について考察したものである。研究者が気付かない，あるいはマニアックな造形物として無視しているこのような造形物によって遺物や遺跡が新たな社会性を獲得したことに注目すべきであろう。第2節の「民具と現代社会」（初出2014年）は，『尚美学園大学総合政策論集』に掲載された論考で，慶應義塾大学と大妻女子大学の講義で実施した民具（生活道具）についての学生の知識や使用経験などの調査結果をまとめたものである。一見考古学とは関係ない民具に関する大学生への調査であるが，これらの民具が使用されていた時期はまさに近現代であり，発掘調査で出土すれば近現代考古資料ということになる。調査の結果から現代の若者にとって100年ほど前の民具（生活道具）の多くが現代生活とかけ離れた存在であることが理解できるが，使用経験がなくとも意外に名称を知っていたことに驚いた。また，民具の名称や使用経験について出身地や所属大学による差があまりみられないこと，小学校などでの諸活動やイベント，さらにはアニメなどに登場する民具の正答率が高いことなど興味深い傾向がみられた。

第3章の論考は第1節の「消費される遺跡, 継承される遺跡」, 第2節の「遺跡まつりと地域アイデンティティ」，第3節の「遺跡まつりの新展開」で構成される。私の研究テーマの一つである「遺跡まつり」に関する論考であるが,「遺跡まつり」の研究は2005（平成17）年に実施した慶應義塾大学での「考古学と社会」という講義を契機として，栃木県佐野市（旧葛生町）で開催されている「くずう原人まつり」や千葉県芝山町で開催されている「芝山はにわ祭」の現地調査を実施したことが研究の発端になっている。なかでも「くずう原人まつり」の調査は，関係者への聞き取りとその後の交流によってわが国の町おこしの実態やその成功の秘訣を学ぶことができたという点で有意義な調査であった。

また，執筆時期が異なるこれら3本の論考を通読してもらえれば，それぞれの「遺跡まつり」に対する印象や評価が異なっていることに気づくであろう。例えば，『東邦考古』に掲載された第1節の論考のタイトルは「消費される遺跡，継承される遺跡」（初出2006年）であるが，ここでは葛生原人が町おこしの手段として消費され興行的に成功する一方で，葛生原人が学術的に否定されたのちも民間主導である「原人まつり」は継続し，結果的に葛生の名を後世に継承させる役割を担ってることを指摘した。第2節の『尚美学園大学総合政策研究紀要』に掲載された「遺跡まつりと地域アイデンティティ」（初出2014年）は，「芝山はにわ祭」の調査事例の紹介であるが，こちらは町をあげての盛大な「遺跡まつり」である。本事例も「遺跡まつり」の成功例であるが，興味深い点は成田空港問題で二分された町を一つにまとめるために「遺跡まつり」が企画されたことであろう。また,「遺跡まつり」が古代人として参加する地元の小中学生の地域アイデンティティ形成に重要な役割を演じているが，そう感じたきっかけはイベント終了後に古代人（古墳時代人）の装束のまま楽しそうに露店で買い食いする地元中学生の姿を目撃したことであった。第3節の『尚美学園大学総合政策論集』に掲載された「遺跡まつりの新展開」（初出2021年）は，コロナ禍によって多くの「遺跡まつり」の開催が次々と中止となり調査研究が停滞したため，2010年代前半までの全国の「遺跡まつり」の動向をまとめたうえで，2010年代になって「フェス系」という新たなタイプの「遺跡まつり」が登場してきたことを指摘した論考である。わが国では，2014（平成26）年頃から一般読者向けの縄文や古墳に関する書籍が書店の店頭に並び，音楽やアートの世界でも遺跡や遺物を題材とした作品が次々と登場するなど，遺跡や遺物に対して一般の人々が以前とは異なった眼差しを向けるようになった。こうした「考古学ブーム」に伴って様々な考古学グッズが製作・販売されるようになったが，新たなタイプの「遺跡まつり」の登場は，その流れを反映した現象であると考えられる。

以上が本書の概要である。最初に述べたように，わが国ではより現在に近い時代を研究対象とする「新しい時代の考古学」が徐々に注目され始めており，その一方で遺跡という文化資産をいかに現代社会において活用していくかが喫緊の課題となっている。現代の考古学研究者は遠い過去に想いを馳せる時間の旅人というだけでなく，常に遺跡と現代社会の関係を意識することが求められる存在なのである。

目　次

初出一覧

第1章

第1節　「発掘された高度経済成長期の消費生活」『尚美学園大学総合政策論集』第26号，2018年

第2節　「近代消費生活における個人・ライフスタイル―近現代遺跡の事例から―」『尚美学園大学総合政策論集』第33号，2022年

第3節　「近現代の貝塚にみる漁民の暮らし―神奈川県三浦市における調査事例から―」文化財保存全国協議会『明日への文化財』第57号，2007年

第4節　「近代食器の使用痕分析―食事における動作と作法の復元に向けて―」三田史学会『史学』第73巻4号，2005年（一部改変）

第2章

第1節　「考古系造形物の世界」東邦大学付属東邦高等学校考古学研究会『東邦考古』40号，2016年（加筆・修正）

第2節　「民具と現代社会―大学生に対する民具知識調査から―」『尚美学園大学総合政策論集』第19号，2014年

第3章

第1節　「消費される遺跡，継承される遺跡―「くずう原人まつり」にみる遺跡の活用―」東邦大学付属東邦高等学校考古学研究会『東邦考古』30号，2006年

第2節　「遺跡まつりと地域アイデンティティ―「芝山はにわ祭」の事例分析から―」『尚美学園大学総合政策研究紀要』第24号，2014年（一部改変）

第3節　「わが国における「遺跡まつり」の現状と新たな展開」『尚美学園大学総合政策論集』第32号，2021年（一部改変）

第１章　発掘された日本の近現代生活

第１節　高度経済成長期の消費生活

はじめに

わが国では，縄文時代などを研究対象とする先史考古学に対して文献史料の存在が一般化する古代以降の遺跡を研究対象とする分野を歴史考古学と呼んでいる。そして，国衙や国分寺などの寺院跡などを研究する歴史考古学は戦前から存在したが，1960年代になると中世を研究対象とする中世考古学，さらには1970年代頃から江戸遺跡を中心として近世を研究対象とする近世考古学が盛んになった。このうち近世考古学は1980年代の「江戸ブーム」や都内を中心とした都市部の再開発に伴う発掘調査事例の増加によって市民権を得ることができた。これに対し，主に明治時代以降を研究対象とする近現代考古学は，1990年代半ばにその枠組みが示され，その後一時的な盛り上がりを見せたが1998年の文化庁通達によって近現代の遺跡については「地域にとって特に重要な遺跡」以外は調査対象とならなくなった影響もあり，2000年以降は調査・報告事例が徐々に減少し現在に至っている。しかしながら，近現代の遺跡や遺物の多くが「埋蔵文化財」と認定されなくなったものの，過去の社会や生活を物語る「考古資料」としての価値は変わっていない。むしろ，通常の発掘調査によって出土した近現代遺物がその場で廃棄される現状においては，近現代考古学の理解者によって発掘調査報告書等に掲載された近現代遺物の価値は高まっている。また，こうした状況の中でわが国の戦後の高度経済成長期の発掘資料はさらに貴重な存在と言える。

1. 高度経済成長期と考古学

(1) 高度経済成長期と生活財

わが国では1955（昭和30）年から1973（昭和48）年のオイルショックまでを高度経済成長期と呼んでいる[1)]。高度経済成長期の実質年平均経済成長率は10%を超えてGNP（国民総生産）で先進諸国を次々と追い抜き1968（昭和43）年には当時の西ドイツを抜いて世界第2位となった。こうした背景には，1ドル360円の固定相場による輸出の増加，わが国の技術革新や企業の積極的な設備投資，安価で質の高い労働力の獲得，国民の所得水準の上昇などがあったとされている。これに対し，近現代のわが国の国民の生活について「生活水準」という観点から当時の生活実態がいかなるものであったか具体的な指標を用いて分析した総合研究開発機構による報告『生活水準の歴史的分析』（総合研究開発機構1988）がある。この報告の中には分析対象を生活財や生活関連サービスに絞って明治時代以降の変遷について検討した部分があるが，そこでは生活史年表に登場する記事の整理・分析から明治期以降の生活財や生活関連サービスの変遷を次の5期に区分している。

第1期は明治初期から1887（明治30）年頃までで，各種の財・サービスが輸入・紹介された導入・試作期にあたる。この時期には多くの生活財が欧米から輸入された時期であり，衣食中心に新しい商品が続々と紹介・導入されたが，一般家庭への普及という点では東京・横浜などの一部の都市生活者に限定されていた。第2期は1887（明治30）年頃から明治末までで，新たな生活財の国内製造に成功して本格的に販売がなされ，商品が家庭に浸透した製造・販売期にあたる。また，機械製品の紹介・導入が盛んになり，生活の西洋化が消費全体に及んだ時期であり，流通システムの近代化が進み都市化にともなってサービス業が成立した時期でもある。第3期は大正期初頭から1935（昭和10）年頃までで，都市部における卸小売の近代化を背景に急速に商品経済が拡大する普及期にあたる。この時期は現代の消費生活の原型がつくられた時期である。第4期は1935（昭和10）年頃から敗戦をはさんで1950（昭和25）年頃までの時期で，戦争によって消費水準が低落した戦中戦後期である。

◇人口５万以上都市

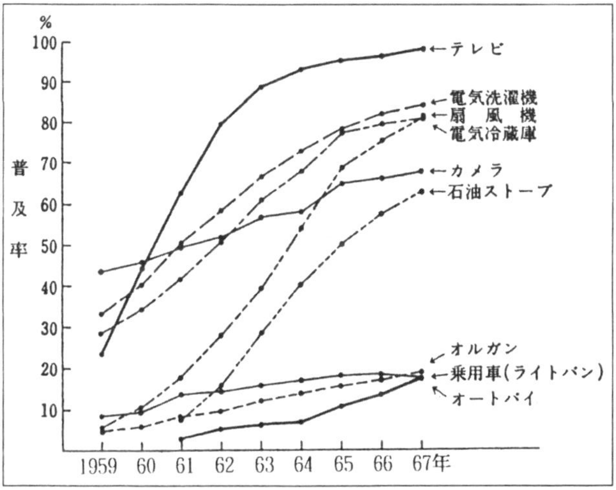

◇農家

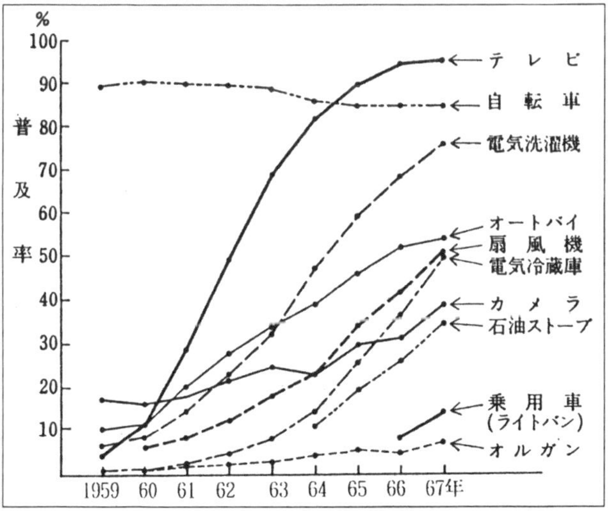

（出所）経済企画庁「消費と貯蓄の動向」（昭和42年）

第１図　主要耐久消費財の普及の推移（吉川 1997）

最後に，第 5 期は昭和 20 年代後半以降の商品経済，消費社会の完成期であるが，家庭電化という観点からこの時期はさらに三期に区分されている。第 1 次電化期は昭和 30 年代で電気洗濯機，電気冷蔵庫，白黒テレビが「三種の神器」と呼ばれた時期，第 2 次電化期は昭和 40 年代でカラーテレビ，クーラー，マイカーが「3C」と呼ばれた時期，第 3 次電化期は昭和 50 年以降のエレクトロニクス時代とされている。大量生産・消費社会が到来した高度経済成長期を特徴づける事項として一般家庭に電化製品が普及したことがあげられるが（第 1 図），その背景に個人所得の増大に伴って消費支出中の食料費の構成比率（エンゲル係数）が減少し，家電製品を含む耐久消費財への支出が増大したことがあげられる。このように，わが国の高度経済成長期においてはモノが「豊かさ」の象徴であり，わが国に様々な商品の大量生産・大量消費の時代が到来したのである。

（2）高度経済成長期の考古学

考古学は，研究対象が旧石器時代から現代に至る様々な時代や地域に及ぶが，その方法として主に物質資料（モノ）を用いて過去の文化や社会に関する研究を実践する学問分野である。また，考古学は文献史料の存在しない時代を対象とする先史考古学と文献史料が存在する時代を対象とする歴史考古学に区分されるが，歴史考古学の中でも対象とする時代が古代・中世・近世・近現代によって文献史料の量や質はまったく異なる。特に本書で取り上げる近現代については文献史料の量が膨大であるだけでなく，写真資料や映像資料など扱う資料は多岐にわたり，関係者への聞き取り調査も可能である。これに対して発掘調査によって出土する遺物は当時使用された生活財の一部に過ぎないため発掘資料から当時の生活について知ることには限界があると考えることは当然である。しかしながら，わが国の高度経済成長期について語る場合には，文献史料などの情報量が膨大であるがゆえに個々の事例ではなく全体的な傾向を示す統計資料に偏る傾向があることも事実である。その意味で限られた地域や家族あるいは個人の生活実態について知るためには，彼らが残したゴミ穴等の発掘資料を用いることが有効な手段となる。また，これらの発掘資料には地域差や階層差だけでなく個人の嗜好やライフスタイルが反映される点も見逃せない（桜井 2007a）。さらに，考古学は時代の変化を物質資料を用いて実証的に捉えることを得意とするが，わが国の高度経済成長期の前後で変化した生活財の特徴として使用される素材の変化があげられる[2)]。このように遺跡から検出された高度経済成長期のゴミ穴は21世紀に暮らす我々にとって50年ほど前に埋められた「タイムカプセル」のような存在であり，出土した資料から当時の人々の日常生活が蘇ってくるのである。

2．発掘された高度経済成長期の消費生活

(1) 遺跡の概要

本節で紹介する神奈川県横須賀市長岡南遺跡は横須賀市長沢2丁目に所在する。遺跡は三浦半島の南東部の金田湾に面した標高15m前後の砂丘上に立地しており，蛇行する長沢川に三方が囲まれた舌状地形上にあたる。また，遺跡は京浜急行電鉄長沢駅の東方約300m，海岸線の北西方向約230mの位置にあたる（京浜急行電鉄の京急長沢駅から京急久里浜駅までは5分程度，京急横須賀中央駅までは15分程度である）。本遺跡は宅地造成のため2008（平成20）年に946m^{2}にわたって発掘調査が実施され，調査の結果弥生時代中期～古墳時代の竪穴住居跡8軒・ピット13基，古墳時代後期の竪穴住居跡3軒，中・近世の土坑群が検出されている（吾妻考古学研究所 2012）。また，長沢川に近い調査区西端から径2mで覆土の厚さ30cm程度のゴミ穴（廃棄土坑）が検出され（第2図，写真1），覆土中から戦後の陶磁器・ガラス製品・金属製品などがまとまって出土している。なお，文献調査の結果，1961（昭和36）年の『住宅明細地図』に本調査区の西側部分に大手都市銀行の寮（「久里浜寮」）が掲載されていることから，本ゴミ穴は戦後この寮から出た不燃ゴミを廃棄する目的で掘られたものであると推測される。

(2) ゴミ穴の出土遺物と廃棄年代

長岡南遺跡のゴミ穴からは合計323点の遺物（生活財）が出土している[3)]。出土した生活財に使用されている素材としては陶磁器，ガラス，木材，金属（鉄製・琺瑯製・アルミ製），プラスチック，ビニール，そして複数素材使用が

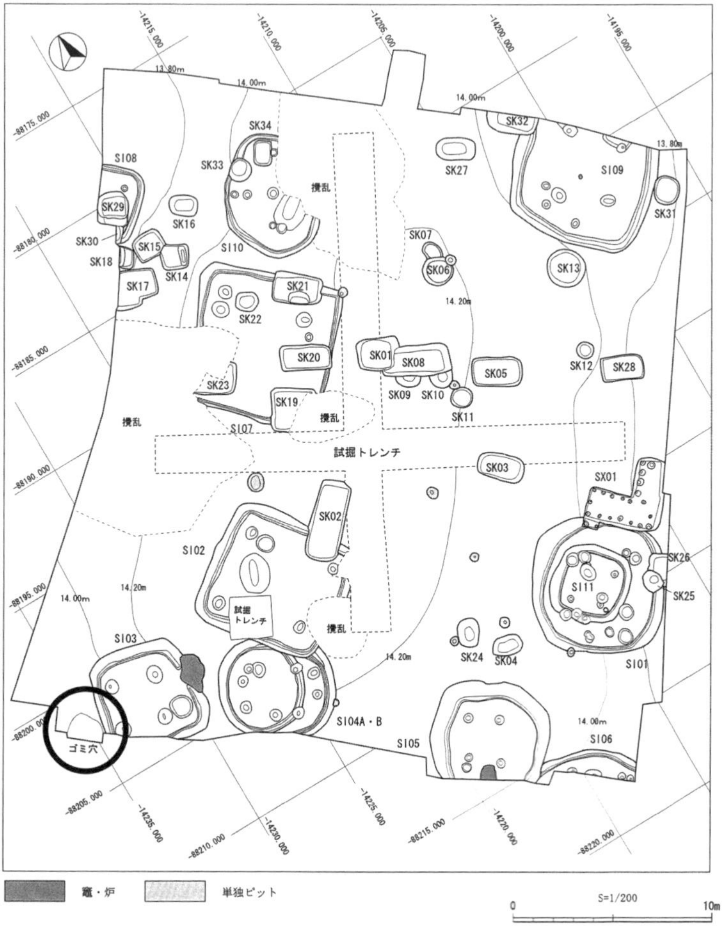

第２図　長岡南遺跡の調査区とゴミ穴の位置（吾妻考古学研究所 2012 第 6 図を改変）

あるが，全体に占める割合が高い順ではガラスが 64.4％と過半数を占め，次いでプラスチックが 11.8％，鉄が 11.5％，陶磁器が 9.0％と比較的高い割合を占めている（第 3 図）。このように，使用されている素材は様々であるが，容器として使用されたガラス瓶が多く出土していること，近世以来使用されている鉄や銅といった金属素材だけでなく琺瑯鉄器やアルミニウムなど戦後

写真1　長岡南遺跡ゴミ穴

になって普及するようになった新たな素材が使用されている点が特徴である。また，同様に高度経済成長期から急激に増えたとされる石油系プラスチック製品も一定量含まれているが，現在の使用状況と比較すると全体に占める割合はそれほど高くないことがわかる。

次に，出土した生活財の種類別区分では，全体に占める割合の高い順に薬品が21.4%，日用品が15.5%，調味料が14.9%，化粧品が10.2%，電気器具が7.4%，食品が7.1%，食器・食品容器が7.1%，清涼飲料が5.0%，アルコール飲料が3.7%などとなっている（第4図）。種類ごとにその細目をみてみると実に多様な食品や生活財が含まれていることがわかる。具体的には，アルコール飲料としてビール・ワイン・日本酒・焼酎・ウイスキー，清涼飲料としてジュース・炭酸飲料（「ファンタ」）・濃縮乳性飲料・薬用清涼飲料，乳飲料として牛乳，嗜好飲料としてインスタントコーヒー，食品として食用油脂・漬物や佃煮・ヨーグルト・ドロップ・カップアイス・ベビーフード，調味料として食塩・コショウ・醤油・ソース・ケチャップ・マヨネーズ・味の素・酢・味醂，薬品として医療用薬品・一般用薬品・軟膏・目薬・湿布剤・アン

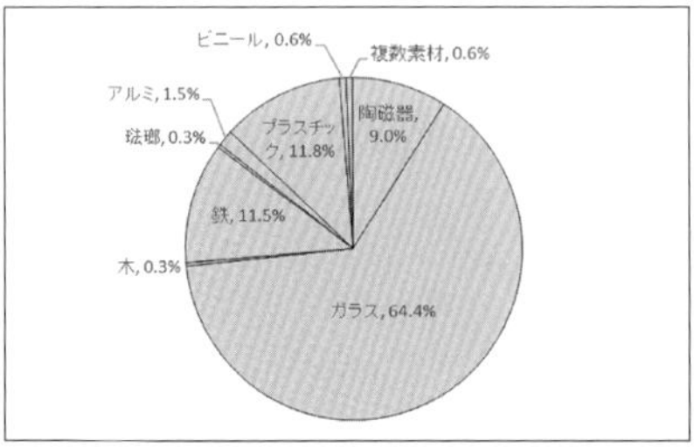

第３図　長岡南遺跡のゴミ穴出土遺物組成（素材別）

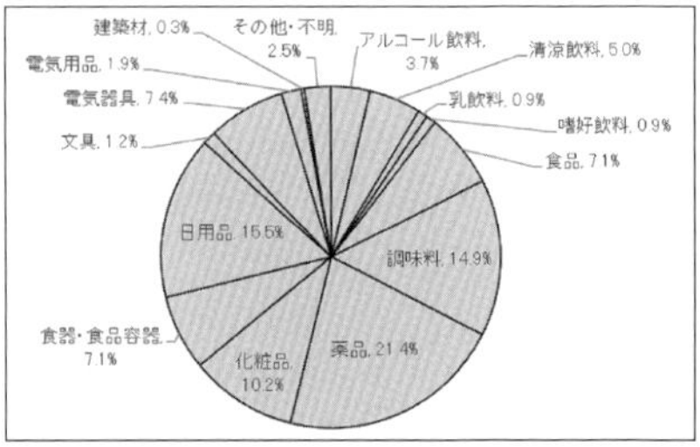

第４図　長岡南遺跡のゴミ穴出土遺物組成（種類別）

プル，化粧品として整髪料・化粧水・化粧クリーム・ヘアトニック・香水・香油・口紅・マニキュア・除光液，食器・食品容器として湯飲み・コップ・碗・鉢・小鉢・なます皿・小皿・洋皿・コーヒーカップ・ソーサー，日用品として建水・茶漉し・石鹸箱・歯ブラシ・シャンプー・リンス・ヘアブラシ・ヘアカーラー・洗剤・染み抜き剤・ベンジン・染料・蛍光塗料・殺虫剤・機械油・自動車洗剤・花瓶・置き時計・温度計・シガレットケース・ビニール傘・草履・スリッパ・ビーチサンダル・靴墨，文具としてインク・墨汁，電気器具として電気行火・電球・真空管・乾電池，電気用品としてスイッチ・コンセント・ソケット・碍子，建築材としてタイル，その他としてタグ（「昭和35年度 第1回注射祭 第5853号 横須賀市」）やビニール袋である（写真2～24）。

また，これらの食品や生活財の中で商品名や発売メーカーが判明したものは以下の通りである（カッコ内は出土数）。

アルコール飲料

寿屋（現サントリー）の「赤玉ポートワイン」(3)・「赤玉ホワイトワイン」(2)，大関酒造の「大関」(1)，野田醤油の「合成清酒　四方の春」(1)，宝酒造の「宝焼酎」(2)，寿屋（現サントリー）の「トリスウイスキー」(1)，大黒葡萄酒の「オーシャンウイスキー」(1)

清涼飲料

森永乳業の「フレッシュジュース」(1)，明治屋の「グレープジュース」(1)，明治乳業のジュース（1），コカ・コーラ社の「ファンタ」（6），「カルピス」（徳用瓶2・小瓶1），森永製菓の「コーラス」（1），大正製薬の「リポビタンD」（1）

乳飲料

明治乳業の「明治牛乳」（1）

嗜好飲料

ネスレの「ネスカフェインスタントコーヒー」（3）

調味料

専売公社の「食卓塩」（5），エスビー食品の「S＆Bコショー」（6），山泉商会の「ヤマイズミ（醤油）」（1），ブルドックソース株式会社の「ブルドックソース」（1），「チキンソース」（1），カゴメの「カゴメケチャップ」（6），キューピーの「キューピーマヨネーズ」（10），「味の素」（2），宝酒造の「寶味醂」（8），相生味醂株式会社の「相生味醂」（3）

食　品

日清食品の「日清サラダオイル」（2）・「ごま油」（1），豊年製油の「豊年スーパーサラダオイル」（3），桃屋の「江戸むらさき」（3），森永乳業の「森永ヨーグルト」（2），不二家の「フルーツドロップ」（1），和光堂のベビーフード（1）

薬　品

グレラン製薬の「新グレラン錠」（3），塩野義製薬の「セデス」（1），三共製薬の「三共胃腸薬」（1），ビオフェルミン製薬の「ビオフェルミン」（4），武田製薬の「アリナミン」（8），小野薬品の錠剤薬（1），イチジク製薬の「イチジク浣腸」（1），武田製薬の「ハイシー」（1），ユースキン製薬の「ユースキン」（1），「メンソレータム」（2），「プロギノン軟膏」（1），参天製薬の「スーパーサンテン」（1）

化粧品

三共の整髪料（1），ケンシ精香の「ケンシセットローション」（2），アソカの「アソカセットローション」（1），ヘチマコロンの「ヘチマコロン」（1），パピリオ化粧品の「NOURRIR」（1），オルガン化粧品の化粧水（1），資生堂の化粧クリーム（2），クラブ化粧品の化粧クリーム（1），ウテナの化粧

写真２　ゴミ穴出土遺物　アルコール飲料

写真３　ゴミ穴出土遺物　清涼飲料１

写真４　ゴミ穴出土遺物　清涼飲料２

写真５　ゴミ穴出土遺物　乳飲料・食品

写真６　ゴミ穴出土遺物　調味料・食品

写真７　ゴミ穴出土遺物　嗜好飲料・調味料・食品

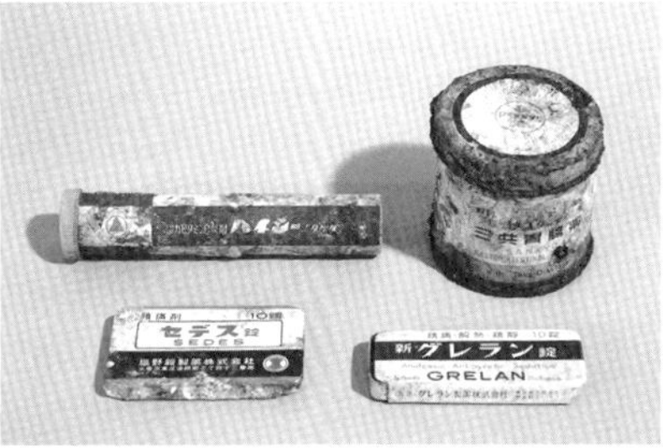

写真8　ゴミ穴出土遺物　薬品1

写真9　ゴミ穴出土遺物　薬品2

写真10　ゴミ穴出土遺物　薬品3

写真11　ゴミ穴出土遺物　薬品4

写真12　ゴミ穴出土遺物　化粧品1

写真13　ゴミ穴出土遺物　化粧品2

写真 14　ゴミ穴出土遺物　化粧品 3

写真 15　ゴミ穴出土遺物　食器 1

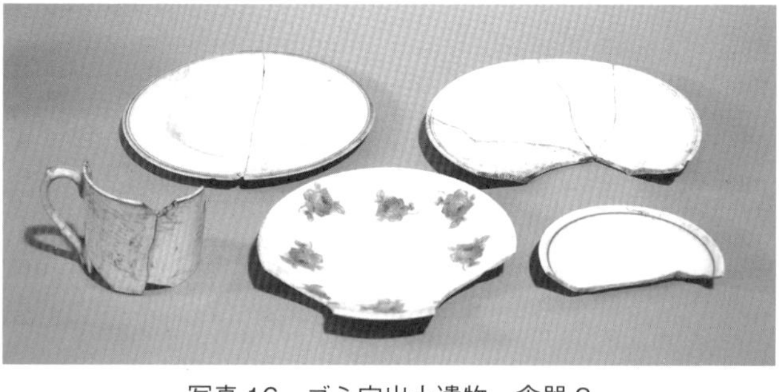

写真 16　ゴミ穴出土遺物　食器 2

写真17　ゴミ穴出土遺物　日用品1

写真18　ゴミ穴出土遺物　日用品2

写真19　ゴミ穴出土遺物　日用品3

写真20　ゴミ穴出土遺物　日用品4

写真21　ゴミ穴出土遺物　日用品5

写真 22　ゴミ穴出土遺物　日用品 6・文具

写真 23　ゴミ穴出土遺物　電気器具

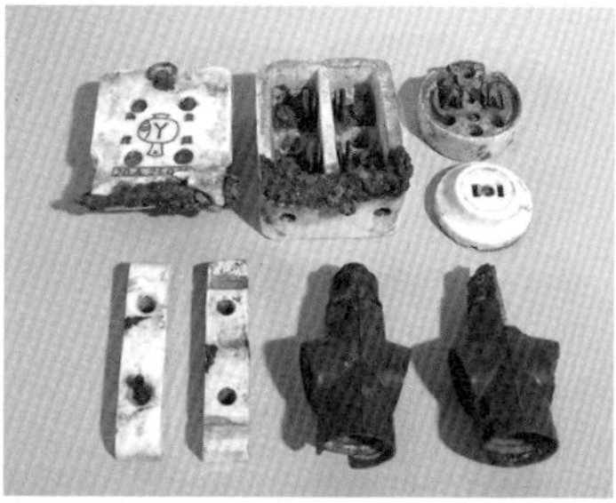

写真 24　ゴミ穴出土遺物　電気用具

クリーム (1), ラネヤの化粧クリーム (1), ウテナのコールドクリーム (1), ライオンのヘアトニック (1), 井筒屋商店の「井筒エメロード (香油)」(1), 資生堂の「ゾートス (口紅)」(1), オペラのマニキュア (1), オペラ化粧品の「ネイルエナメルリムーバー (除光液)」(1)

食器・食品容器

「Nagase China」のソーサー (1), アンカーホッキングの食品容器 (2)

日用品

牛乳石鹸共進社の「牛乳シャンプー」(1), 資生堂の「ゾートス」(シャンプー) (1), 日本製薬販売の「プラスマンレモンクリームリンス」(2), メヌマのリンス (1), ライオン油脂の「ライポン F」(洗剤) (1), 第一製薬の「レスポン」(洗剤) (4), タカビシ化学の「エリモト (染み抜き剤)」(1), 桂屋の「みやこ染」(1), 桂産業の染料 (1), 白元の蛍光塗料 (1), アース製薬の「アース」(1),「アース　エアゾール」(殺虫剤) (1), サンケイ化学の「ア

マメックス　エアゾール」(殺虫剤) (1), ナガオカ販売の「インピレス」(殺虫剤) (2), 中外製薬の「バルサン」(殺虫剤) (2), コロンブスの靴墨 (1)

文　具

パイロットのインク (3), トンボ鉛筆の墨汁 (1)

電気器具

マツダの電球 (3), ナショナルの電球 (2), カザミの電球 (1), ナショナルの乾電池 (1)

電気用品

岩松製造のスイッチ (2), ナショナルのソケット (2), ヤチヲのソケット (1)

これらの出土遺物を銀行の社員寮で消費された生活財という前提で考えると，まず鍋などの調理具が出土しておらず食器が少ない点や食塩・コショウ・醤油・ソース・ケチャップ・マヨネーズなど調味料が非常に多い点が指摘できる。また，様々な女性用化粧品やヘアカーラーなどの化粧道具，女性用の草履やビニール傘などが出土していることから女性行員が複数含まれていたことが想像できる。また，ベビーフードの存在から必ずしも独身寮とは言い切れない (子どもの生活財や玩具は出土していない)。これに対し，嗜好品としてワイン・ウイスキー・焼酎などのアルコール飲料やジュース・「ファンタ」・「カルピス」・インスタントコーヒーなどの清涼飲料が多く出土しており，若い行員が寮の中心であったことが窺える。さらに，日常生活に関わる遺物として，石鹸箱・歯ブラシ・シャンプー・リンス・台所用洗剤など多様な生活財が出土しているが，なかでも殺虫剤が多く出土している点は現在とは住環境や生活環境が異なることを想像させる。薬品については，医療用薬品は少ないものの一般用薬品として鎮痛剤 (ピリン系)・胃腸薬・整腸剤・ビタミン剤，軟膏，目薬，湿布剤などの薬品類が出土しているが，ビタミンB補給のビタミン剤である「アリナミン」(糖衣錠) の容器が多く出土している点は高度経済成長期の生活を彷彿とさせるものである。

次に，本ゴミ穴が掘削され出土遺物が廃棄された年代について検討してみたい。出土遺物の廃棄年代を推定するためには，ガラス瓶容器に陽刻されている瓶の製造年代を検討することが最も有効な廃棄年代の決定方法であるが，その他にも商品の発売期間を調査することにより廃棄年代を推定することもできる。まず，本ゴミ穴から出土したガラス瓶の陽刻（エンボス）に表示されている瓶の製造年は，1958（昭和33）年（「ファンタ」，「カゴメケチャップ」），1959（昭和34）年（「カゴメケチャップ」），1960（昭和35）年（「カゴメケチャップ」，「森永ヨーグルト」），1961（昭和36）年（「ファンタ」，「森永ヨーグルト」，「カゴメケチャップ」），1963（昭和38）年（「ファンタ」，「リポビタンD」），1964（昭和39）年（「ファンタ」）である。このことからガラス瓶が製造された年に購入・消費され廃棄されたとすれば，最も新しい年代である1964（昭和39）年に遺物が廃棄されたということになる。しかし，空容器がしばらく納戸や倉庫に収納されていた可能性やガラス瓶が回収されてリサイクルされる期間が数年間であるとすると，本ゴミ穴の廃棄年代は1964（昭和39）年から1966（昭和41）年頃ということになる。

さらに出土遺物（商品）の販売期間について検討すると，1950年代後半から1960年代に発売が開始された商品として，1957（昭和32）年の「三共胃腸薬」，ユースキン製薬の「ユースキン」，日本製薬販売の「プラスマンレモンクリームリンス」，「カゴメケチャップ」（広口瓶），キユーピーの「キユーピーマヨネーズ」（社名変更），1958（昭和33）年の「ファンタ」，牛乳石鹸の「牛乳シャンプー」，1959（昭和34）年の相生味醂株式会社の「相生味醂」，ライオン油脂の「ライポンF」，1961（昭和36）年の第一製薬の「レスポン」，武田製薬の「ハイシー」，1962（昭和37）年の大正製薬の「リポビタンD」がある。これに対し，発売終了年が判明した資料としては，1964（昭和39）年に終了した野田醤油の「四方の春」，1966（昭和41）年に「新ビオフェルミン」が発売された「ビオフェルミン」がある。これらを総合すると遺物の廃棄年代は1962（昭和37）年以降1964（昭和39）年あるいは1966年（昭和41）年以前ということになり，ガラス瓶の陽刻（エンボス）から推測された1964（昭和39）年～1966（昭和41）年頃という年代とほぼ合致することがわかる。そこでここでは本ゴミ穴の廃棄年代を1964（昭和39）年～1966（昭和41）年頃と推測しておきたい。なお，1970（昭和45）年に「廃棄物の処理および清掃に関する法律」(廃棄物処理法)が公布されたが，横須賀市では1972(昭和47)年11月20日に「不燃物の一部(金属類)の再資源化の前処理として横須賀市鉄化石㈱に圧縮処理を代行させた」(横須賀市生活環境事業部1989)とあるように，瓶や缶などの資源ごみが回収され再資源化システムが確立したのは1970年代以降と考えられる。

(3) 同時期のゴミ穴出土遺物との比較

ここでは比較資料として高度経済成長期の都市近郊農村の発掘調査事例であり，筆者も発掘調査に参加した神奈川県藤沢市南葛野遺跡のゴミ穴の事例を紹介する(南葛野遺跡発掘調査団1995，桜井1997・2004a)。南葛野遺跡は藤沢市北部の葛原地区という都市近郊の農村地帯に所在する。この地域の東側に隣接する藤沢市遠藤地区では昭和30年代以降，大手企業の工場が進出したことや住宅地(湘南ライフタウン)が造成されたことにより地域景観が大きく変容しているが，葛原地区は比較的古くからの地域景観が維持されている地域である。以前は耕地であった南葛野遺跡からは発掘調査によって旧石器時代や縄文時代の遺跡が検出されたが，それ以外にも小道の脇から高度経済成長期のゴミ穴が検出されている。検出されたゴミ穴は径1.1m，深さ1.1mで覆土から100点ほどの遺物がまとまって出土している。これらの出土遺物は近くの集落の住人が一定期間物置に保管されていた不燃ごみをリヤカー等で運び，穴を掘って廃棄したものと推定され，廃棄年代については出土遺物から1963(昭和38)年～1969(昭和44)年頃と推定された[4)]。

次に，南葛野遺跡のゴミ穴から出土した生活財の素材について検討すると，全体に占める割合の高いものから陶磁器が52.0%，ガラスが25.5%，鉄が13.3%，アルミが5.1%，プラスチックが4.1%となっている(第5図)。これを長岡南遺跡の資料と比較すると，陶磁器が過半数を超えていることやガラス製品やプラスチック製品の割合が低いことが指摘できる。また，各資料の種類別分類では，全体に占める割合の高い順に食器(飯茶碗が多く，他に湯呑み，皿，鉢，浅鉢，ラーメン丼，コップなど)が53.3%，化粧品(化粧水，養毛剤，化粧クリーム，マニュキア，パフ)と日用品(歯磨き粉，殺虫剤瓶，便器など)が10.9%と多く，次に清涼飲料(サイダー，ジュース，薬用清涼飲料)，乳飲料(牛

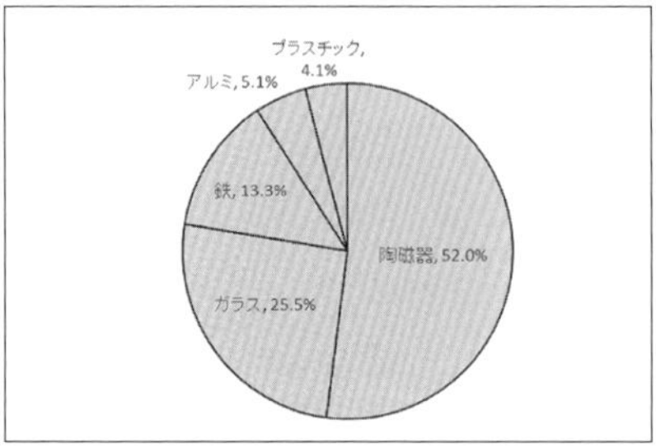

第５図　南葛野遺跡のゴミ穴出土遺物組成（素材別）

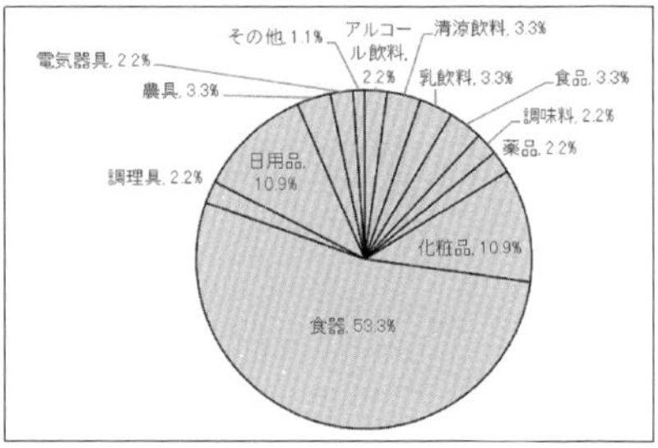

第６図　南葛野遺跡のゴミ穴出土遺物組成（種類別）

乳），食品，農具（鎌，ナタ）がそれぞれ3.3%，アルコール飲料（ビール），調味料（醤油，味の素），薬品（薬瓶など），調理具（鍋），電気器具（懐中電燈，電球）がそれぞれ2.2%などとなっている（第6図）。これらの生活財の出土状況から若い夫婦と子どもからなる核家族を基本とする一般家庭が想定できるが，その理由として出土量がそれほど多くないこと，食器や日用品の割合が高いこと，女性用化粧品が出土していること，小児科の薬瓶が存在していることなどがあげられる。なお，出土した生活財の中で商品名やメーカー名が判明したものとして，「HINO CHINA」の洋皿，「キリンビール」，「三ツ矢サイダー」，「リポビタンD」（大正製薬），森永乳業・明治乳業の牛乳，キッコーマンの醤油，「味の素」，資生堂の「ドルックスシリーズ」，加美乃素本舗の化粧水，マックスファクターのパフ，「フマキラー」（殺虫剤）があげられる。

このように，同じ1960年代に廃棄されたと推定される南葛野遺跡の出土資料と既に紹介した長岡南遺跡の出土資料を比較すると，両者に違いがみられることがわかる。その背景として長岡南遺跡の場合は大手都市銀行の寮，南葛野遺跡の場合は都市近郊農村に暮らす一般家庭の不燃ごみであることがあげられるが，居住者については長岡南遺跡の場合は年齢や性別の構成は不明ではあるものの比較的若い独身の行員，南葛野遺跡の場合は若い夫婦と子どもからなる核家族が想定できる。具体的に両遺跡の出土資料について検討すると，ともに多様な日用品が出土している点は共通しているが，南葛野遺跡で食器が過半数を超えている点は通常保有している食器の種類や量が多い一般家庭の廃棄物であることを示している。また，長岡南遺跡に調味料容器が多い点については多くの行員が食事をする寮の特徴を反映していると考えられる。さらに，女性用化粧品については南葛野遺跡から化粧水・化粧クリーム・マニキュア・パフが出土しているが，長岡南遺跡からは複数の化粧品メーカーの化粧水や化粧クリーム，さらにはコールドクリーム・香水・口紅・マニキュア・除光液・ヘアカーラーなどが出土しており，複数の若い女性が居住していたことがわかる。嗜好品については南葛野遺跡ではビールなどのアルコール飲料，サイダーやジュースなどの清涼飲料容器が若干出土しているが，長岡南遺跡ではワイン・日本酒・焼酎・ウイスキーなどのアルコール飲料やジュース，「ファンタ」，「カルピス」などの清涼飲料，さらにはインスタントコーヒーの容器が多く出土しており嗜好品の種類も豊富である。このように，居住者の年令・性別やライフスタイルによって生じる消費活動の差がゴミ穴の廃棄物に反映されることがわかる。

3. 蘇る高度経済成長期の記憶

今回，長岡南遺跡のゴミ穴出土遺物の整理作業を通じて筆者自身が子ども時代に経験した高度経済成長期の記憶が蘇る場面が幾度かあった。例えば，コカ・コーラ社の炭酸清涼飲料「ファンタ」[5] のガラス瓶がまとまって出土しており当時飲用していたことを思い出したが，わが国における発売年にあたる 1958（昭和 33）年製造のガラス瓶と 1961（昭和 36）年および 1964（昭和 39）年製造のガラス瓶の形状やプリントの位置が異なっていることや，後者には前者にはない底部のナーリング（桜井 2006c）が存在することは新たな発見であった。また，濃縮乳性飲料の「カルピス」や嗜好飲料の「ネスカフェインスタントコーヒー」は贈答品として使用されていたこと，寿屋（現サントリー）の「赤玉ポートワイン」（酒精強化ワイン）は 1971（昭和 46）年に酒類の輸入が自由化され，翌年に第一次ワインブームが起こる以前はどこの酒店にも置いてあるワインであったことを思い出した。さらに，当時の食卓に並んでいた専売公社の「食卓塩」，「S & B コショー」，「ブルドックソース」，「カゴメケチャップ」,「キューピーマヨネーズ」,「味の素」などの調味料,「日清サラダオイル」や桃屋の「江戸むらさき」などの食品類，頭痛の際に服用した解熱鎮痛剤「新グレラン錠」やビタミンB剤である「アリナミン」，ビタミンC錠剤である「ハイシー」などを使用・服用していたことも記憶している。

これに対し，様々な日用品の中で1961（昭和36）年に発売が開始された第一製薬の台所用洗剤「レスポン」のプラスチック容器は当時の衛生状況を示すという点で注目される資料である。「レスポン」の胴部には「食器・野菜・果物・洗浄用レスポン液体中性洗剤」,「●水2リットル（約一升）に，レスポン約5ccを溶かし，標準液としてお使いください。（この容器のキャップ一杯は約10cc）●野菜や果物は，この標準液の中によくひたしてから振り洗いし，そのあと水でよくすすいでください。●油で汚れた食器類は，標準液の中に入れ，スポンジやヘチマなどで軽くこすって洗いおとし，清水をそそいで仕上げてください。」,「●野菜や果物洗いに…風味をそこなわず，ビタミンなどの栄養素をこわさず，蛔虫卵・大腸菌・農薬などを完全に洗いおとして，清浄な野菜・果物にします。」といった懇切丁寧な表記がある。すなわち，この洗剤は水に溶かして使用するもので食器類だけでなく野菜や果物も洗う洗剤であり，野菜や果物についた蛔虫卵・大腸菌・農薬を落としていたことがわかる。当時は人糞も肥料として用いていたため，栽培された野菜をよく洗わないで生食あるいは漬物にすることによって寄生虫卵が体内に取り込まれて成長するという，高度経済成長期の記憶がゴミ穴から発掘された遺物によって蘇ったのである。

おわりに

大量生産・大量消費の時代であるわが国の高度経済成長期のゴミ穴の調査によって様々な廃棄物が発掘される。その多くは陶磁器・ガラス瓶・金属製品などの不燃物であり，当時の生活財の中でも小型の食器や飲料容器・食品容器・薬品容器・化粧品容器などが主体を占める。こうした廃棄物は当時の消費生活を垣間見ることができる貴重な資料であるが，廃棄されて50年程しか経ていないにも関わらず出土資料に関する調査は意外に難しい。現在ではインターネットを利用して調査することも可能となったが，既に紹介した南葛野遺跡の資料調査は1990年代前半のことであり，企業の社史などでは求めている情報が得られないため企業に直接問い合わせをすることもあった。しかし，製造メーカーに当時の商品サンプルがすべて保存されているわけではなく，こちらが知りたい商品のデザイン変更の時期など詳細な情報を必ずしも得ることができなかった。また，地方の製造メーカーも含め多種多様な当時の商品がどの程度流通し，消費されていたかを知ることも難しいことがわかった。そのような状況の中で，大量生産・大量消費の時代であるわが国の高度経済成長期のゴミ穴から発掘され，その場で廃棄されることなく回収された資料は，当時の消費生活の実態を知る契機となる極めて貴重な資料であるといえる。

註

1）松田延一によると，1955（昭和30）年～1960（昭和35年）の高度成長準備期，1961（昭和36）年～1973（昭和48）年の高度経済成長期で1961（昭和36）年～1965（昭和40）年の高度経済成長前期，1966（昭和41）年～1973（昭和48）年の高度経済成長後期に区分される（松田1985）。また，景気という観点から1955（昭和30）年から1957（昭和32）年までを「神武景気」，1958（昭和33）年から1961（昭和36）年までを「岩戸景気」，1965（昭和40）年から1970（昭和45）年までを「いざなぎ景気」と呼んでいるが，東京オリンピックが開催された1964（昭和39）年を「オリンピック景気」と呼ぶこともある。

2）近代の台所用具の変遷をまとめた古島敏雄によると，金属製品ではかつては主に素材として鉄が用いられていた鍋や釜は，琺瑯鉄器やアルミニウム，アルマイト，ステンレス・スチールへ素材が変化している（古島1996）。このうち，琺瑯鉄器は流し台・ガス台・電気冷蔵庫等の台所用具に用いられ，アルマイトは弁当箱として昭和30年代に広く使用された。また，多くの合成樹脂を含むプラスチック類の中で玩具等に使用されたセルロイドは1905（明治38）年，汁椀や重箱等に使用されたベークライトは1915（大正4）年に製造が開始されている。さらに，現在至るところで使用されているプラスチック製品は戦後の石油化学工業の発達により，1955（昭和30）年頃から普及するようになった。

3) 今回は本ゴミ穴への廃棄行為は1回のみ，あるいは短期間に掘り返されて遺物が廃棄されたという前提で検討したが，実際には掘削・廃棄行為が何年かにわたった可能性もある。

4) 例えば出土した商品の販売期間では,「味の素」が1951（昭和26）年～1973（昭和48）年販売，資生堂の「ドルックスシリーズ」が1951（昭和26）年再発表，加美乃素本舗の化粧品とヘアクリームが1955（昭和30）年～1960（昭和35）年販売，シオノギの練り歯磨き粉が1951（昭和26）年～1958（昭和33）年販売，ライオン油脂の箱形歯磨き粉「スーパーライオン」が1957（昭和32）年～1991（平成3）年販売,「リポビタンD」が1962（昭和37）年発売である。

5)「ファンタ」は1940年に第二次世界大戦でアメリカからコカ・コーラの原液を輸入できなかったドイツのコカ・コーラ社が開発したフルーツ味の炭酸飲料である。

第2節　発掘資料から近現代のライフスタイルを探る

はじめに

残された記録や実際に使用されたモノ（物質資料）からわが国の近現代における消費生活実態を探る方法には様々なものがある。例えば，近現代におけるモノ（生活財）の所有状況を探る試みとして，歴史学や民俗学の分野で財産目録や家計簿などの文献史料の調査や雑誌記事に掲載された台所道具や家具等のリストを分析した研究事例がある。家財道具のリストと数量が示されている農家の財産目録（香月 1986）や農業団体による家財道具調査結果（津田 2003），さらには『家庭之友』や『婦人之友』といった当時の婦人雑誌に記載された家財道具等のリストの分析（小泉 1995）などである。これに対し，モノの所有に関するフィールド調査を実施して同時代の人々の生活実態を客観的に把握しようとした試みもみられる。その代表的な調査（悉皆調査）が大正時代末期から昭和時代初期にかけて今和次郎らによって実施された考現学調査の中の「個人所有全品調査」（今・吉田 1930）である。その後，今らが行ったフィールド調査が継承されることはなかったが，1970 年代後半になると栗田靖之（栗田 1977・1978），疋田正博（疋田 1986），真島俊一（真島 1986），倉石忠彦（倉石 1990）などによって，アパート・農家・団地などにおけるモノ（生活財）の所有調査が実施された。また，今世紀になると都市部における日常生活を記録した写真集（都築 2003・2005，ベレッタ ピー07 2007 など）や東京に住む様々な職業の若者の消費生活（日記とともに食事代や商品の購入代のリストを表示している）を記録した書籍（WEB アクロス編集室／パルコ（編）2003）が出版されている。

これに対し，考古学の分野では近現代遺跡の発掘調査によってわが国の近現代における消費生活について探ることが可能であるが，その役割を担うのが近現代考古学である（桜井 2004a，メタ・アーケオロジー研究会 2005，鈴木公雄ゼミナール（編）2007，桜井 2018b）。わが国の近現代遺跡の発掘調査は 1970 年代頃から一部の遺跡で実施されるようになり，1980 年代後半から徐々に発掘調査事例が増え，1990年代には関東地方を中心にその数が一気に増加していった。しかしながら，2000年以降になると近現代遺跡の発掘調査事例は減少しており[1)]，この状況を打開してゆくためには，近現代考古学の学問的意義の提示，目的意識をもった調査・研究が必要である。かつて筆者は，近現代考古学に期待される成果として主に生活史の立場から，①文献記録の乏しい地域あるいは記録を残さなかった階層の人々の生活を発掘資料を用いて復元すること，②発掘された遺物群やその組み合わせ（アセンブリッジ）の変化から，その地域や特定集団の生活様式の変化（近代化や西洋化）の様子を読み取ること，③遺物の廃棄行動やライフサイクル，使用痕の分析などから過去の人間行動の復元を試み，人とモノとの関係を明らかにすること，④学際的な研究を心がけることにより，他分野や一般社会に対して考古学の存在とその有効性を訴えることをあげた（桜井2004a）。これらの近現代考古学に期待される成果を具体的に示した背景には，近現代考古学が戦跡考古学や産業考古学など特定のテーマに特化した分野としてではなく，生活史や社会史の立場から日本の近代化や近現代生活の実態を解明する研究分野であること，さらには人文・社会科学の諸分野との関係の中で人とモノとの関係を探る「物質文化研究」（メタ・アーケオロジー研究会2005）として近現代考古学を位置づけようとする意識があった。そして，このような方向で近現代考古学研究を実践するためには，従来のように出土した近現代遺物の編年や製造技術の問題を中心に検討するのではなく，その地に居住し，遺物を保有・使用していた人々を消費者として捉え，消費者である居住者の身分や階層，あるいは個人の趣味嗜好やライフスタイルの問題を議論の俎上に載せる必要がある。

本節ではこうした観点から，実際に発掘された近現代遺跡の調査事例を紹介しながら，わが国の近現代における消費生活の実態について若干考察してみたい。

1．考古学における個人と消費理論

(1) 考古学における個人の研究

欧米を中心に学問としての考古学が認知されるようになり近代考古学が成

立したとされるのは19世紀中頃のことであるが，その後発展していった考古学研究の中で出土遺物の研究については，まず時間軸となる遺物の編年を確立したうえで，集団間や地域間の差異や特徴を把握し，その文化的社会的背景を探ることに終始してきた。そのため，特定の人物の墓の副葬品や歴史上著名な人物に関わる発掘資料を除くと，考古学の分野においては研究対象とする地域や時代に関わらず，発掘された資料についてそれを保有していた個人の問題に関連づけて議論されることは稀であった。これに対し，欧米においては1970年代頃から考古学における個人の問題について関心がもたれ（Hill and Gunn 1977），その後もこの問題についての議論は続いているが（ギャンブル 2004，Knapp and van Dommelen 2008，Thomas, McCall and Lillios 2009），現在の考古学研究の中で中心的な研究テーマとはなっていない。

このような考古学における個人の問題は，研究対象とする時代や出土遺物によってその状況が大きく異なる。先史考古学や原史考古学においては石器・土器・埴輪などの道具製作に従事した製作者（個人）を想定することができるが，残念ながらこうした製作者個人の問題については必ずしも重要な研究視点として扱われてこなかった。しかしながら，石器研究においては石器製作技法や製作技術に関する研究が進展する中で，1990年代頃から石器製作者個人の特定や個人の技能の問題に踏み込んだ分析や研究が実践されるようになった[2)]。その背景には石器製作に関する実験考古学的研究が組織的に実施されるようになり（石器技術研究会編 2004），その研究過程で必然的に製作者（個人）の技能という分析視点が醸成されてきたことがあげられる。これに対し，わが国の縄文土器製作に関わる研究においては1970年代から土器表面に施された文様の分析から文様の施文プロセスが解明されてきた。その中には明らかな失敗作も含まれており（鈴木 1981），こうした分析視点は縄文土器製作者個人のクセや能力といった問題に繋がるものである。また，近年では弥生土器などの製作に関わった個人の同定法についての研究が進められており，今後の研究成果が注目される（中園・平川 2013，中園 2017など）。

これに対し，歴史考古学の分野では文献調査によって遺跡に暮らしていた居住者を特定するという先史考古学とは異なった個人に対するアプローチが可能である。このうち，1960年代末に提唱され1980年代後半以降になって東京都内を中心に遺跡の発掘調査が盛んに実施されるようになった近世考古学においては，文献調査によって発掘調査の対象となった地点の居住者に関する情報を入手することが可能である。しかしながら，発掘調査によって出土した遺物が，そこで暮らしていた特定の家族や個人と直接結びつくことは稀であり，通常は残された絵図や文献史料によって判明した居住者情報を参考にしながら，検出された遺構やそこから出土した遺物群について考察を加えることが一般的な研究手法となっている。

(2) 近現代考古学と消費理論

近代以降の遺跡の場合はその地に居住していた家族や個人の情報を入手できる可能性が高い。そのため，近現代考古学では従来の考古学ではあまり議論されてこなかった個人の消費選択のあり方をめぐる諸問題，特にモノ（商品）の消費活動に関する諸研究やその背景にある階級や階層，あるいは個人のライフスタイルによるモノ（商品）の消費のあり方に関する研究も考慮すべき重要な研究テーマとなってくる（桜井 2007a）。

例えば，ダグラスとイシャーウッドは支出慣習によって社会階級が規定され，職業と所得のグループ分けが可能になると述べるとともに，商品の普及には一定の法則がみられると指摘している（ダグラス，イシャーウッド 1984）。また，ブルデューは，文化に関わる有形・無形の所有物を「文化資本」と定義したうえで，文化的財の消費選択を通して社会的階級の趣味（嗜好や美的価値）が生産されることを「文化的卓越化」と表現し，これによってライフスタイルが生成されると論じた（ブルデュー1990）。さらに，ラントとリビングストーンもライフコースの段階と個人の社会的な要求により商品が消費されると述べたうえで，消費のあり方がライフスタイルやアイデンティティを示す指標になることを指摘している（Lunt and Livingstone 1992）。

これに対し，近代的消費の変遷を歴史的に検討したマクラッケンは，消費財は文化的意味をおびており，その意味が存在するところとして，①文化的に構成された世界，②消費財，③消費者個々人をあげ，「世界からモノへ」そして「モノから個々人へ」と意味が転移するとし，その意味構造として存在する階級，地位，性別，年齢，職業などの文化カテゴリーは消費財によって実体化され，理念や価値観といった文化原理も消費財によって実体化されるとしている（マクラッケン 1990）。また，マクラッケンはモノの消費のあり方に関して従来議論されてこなかった概念として，消費財の「古光沢（パティナ）」，「キュレイター的消費」，「ディドロ効果」といった興味深い概念を提示している。

このようなモノ（商品）に関わる消費理論は近現代社会の実態を探るうえで示唆的なものであり，近現代考古学だけでなく民俗学・民具学・文化人類学など近現代の物質資料を扱う分野にとって考慮すべき理論である。

2. 近現代遺物と階層・ライフスタイル

(1) 居住者の階層と出土遺物

近現代遺跡出土の遺物から当時の消費生活について考える場合，得られた居住者情報と実際の出土遺物を比較検討することは基本的な研究手法である。そして，その違いが居住者の階層によるものであると解釈できる場合がある。ここでは近現代遺跡から発掘された陶磁器にどのように階層差が反映されているか，神奈川県内の発掘調査事例を用いて具体的に検討したい。

分析対象とした資料は，三浦半島の海浜部にある三浦市のヤキバの塚遺跡（三浦の塚研究会 2003，桜井 2007c），江戸時代以来の観光地で明治時代以降は別荘地としても著名な地方都市である鎌倉市の長谷観音堂周辺遺跡（宗臺 1995），そして明治時代になって海浜別荘地として栄えた大磯町の神明前遺跡から発掘された資料[3]である。なお，今回検討する出土資料（陶磁器）は大正時代から昭和時代前期頃に使用・廃棄されたと推定されるものである。

まず，漁業や農業に従事していた人々が暮らしていた海浜集落におけるモノ（生活財）の廃棄場（多量の貝類が廃棄されているため近現代貝塚という表現も可能である）であるヤキバの塚遺跡の出土資料は2層および3層（大正時代から昭和時代初期頃）から出土したものである。ここでは陶磁器として磁器を中心に湯呑み碗・飯茶碗・鉢・皿・蓋・急須などが出土しているが，手描きのものは少なく型紙摺絵や銅版転写，ゴム版絵付けなどの資料が多く，色絵磁器が少ないなど安価な陶磁器がほとんどである。また，皿は中皿や小皿が主体で大皿はほとんどみられないこと，洋食器がほとんど含まれていないことも特徴である。次に，鎌倉市の市街地で長谷観音近くにある長谷観音堂周辺遺跡では，ゴミ穴に転用された便所穴（土壙3）から1923（大正12）年の関東大震災の後片付けに伴って捨てられたモノ（生活財）が多量に出土している。このうち陶磁器は，磁器87点（碗・鉢・皿・蓋・香炉・水注・蓮華・玩具・便器），陶器6点（碗・皿・擂鉢）の他に土製の壷・釜などが出土している。ほとんどが和食器であるがティーポットや洋皿などの洋食器も含まれている。磁器は手描き・型紙摺絵・銅版転写による絵付け資料であるが手描きのものが主体を占めており，色絵磁器は比較的少ない。また，この中には近世に製作された陶磁器も一定量含まれているが，興味深い出土傾向として近世に製作された食器には大皿や鉢が目立つのに対し，五寸皿・小皿・飯茶碗・湯呑み碗・蓋などは明治時代中期から大正時代頃に製作された資料がほとんどであることがあげられる。

最後に，大磯町の神明前遺跡は旧佐土原藩島津家の別荘があった地点であるが，発掘調査の結果，近現代の面からは多数の土坑，煉瓦を用いた施設，土管を用いた導水施設等の遺構が検出されている。このうち，第7～11号土坑から和食器として湯呑み碗，飯茶碗，鉢，丼鉢，中・小皿，小杯，土瓶，洋食器としてティーカップ，ソーサー，プレート（皿）など，大正時代後期から戦中頃にかけて製造された陶磁器製の食器が多数出土している。洋食器の占める割合は全体の約1～2割程度であるが，製造メーカーの裏印（バックスタンプ）のある高級食器（日本陶器（ノリタケ），東洋陶器，日本硬質陶器，マイセン）が多く含まれている。また，和食器についても日本陶器（ノリタケ）や東洋陶器などの高級食器が全体の約3割程度を占めており，その他の食器についても比較的上質なものが多く，安価な食器は僅かであった。

このように，同じ神奈川県内にあり，大正時代から昭和時代前期にかけて使用され廃棄されたと推定される資料でありながら，出土した陶磁器を比較すると海浜集落にあるヤキバの塚遺跡，市街地にある長谷観音堂周辺遺跡，著名な別荘地にある神明前遺跡では出土した陶磁器（食器類）の様相に明ら

第1表　近現代遺跡出土食器の特徴

遺跡名	所在地	遺跡の性格	洋食器	大皿	色絵磁器	高級食器
ヤキバの塚遺跡	神奈川県三浦市	海浜集落	×	×	△	×
長谷観音周辺遺跡	神奈川県鎌倉市	都市市街地	△	○	△	×
神明前遺跡	神奈川県大磯町	別荘地 （旧大名家）	○	○	◎	○

かな違いがあることがわかる（第1表）。これには経済的格差を前提とした当時の階層差が反映されていると推定され，食器など日常的に使用あるいは消費された遺物を比較検討していくことが階層差を知るための有効な手段であることを示している。また，このような階層差という観点から近現代遺物を比較検討するということは，従来の考古学では言及を避けてきた「高級品」や「廉価品」といった資料の経済的価値について言及することに他ならないが，居住者のライフスタイルについて検討するためには経済的価値だけでなく食器の絵柄やデザインなどにみられる使用者の趣味・嗜好，あるいは居住者が所有していたモノ（生活財）の象徴的価値などについても検討することが必要である。

商品経済が発達した消費社会である近現代生活の研究にとって重要な研究課題としてあげられるのは，モノの消費をめぐる様々な問題である。また，近現代の消費活動の実態を探るためにはモノの使用価値や交換価値を重視する従来の考え方では対応できない側面も多々ある。しかし，そのような近現代における消費活動に関する研究を展開していくためには，特定の個人や集団が実際にモノをどのように選択し消費していったかを具体的な資料を用いて明らかにしてゆく必要があり，それが近現代における人とモノとの関係を探る起点となる。この点については近現代考古学に期待される部分であり，従来のような出土遺物の製造年代や製造技術，あるいは用途といった側面だけでなく，近現代ならではのモノ（生活財）の消費のあり方を考慮した新たな観点から資料を分析してゆくことが要求される。その結果，居住者の階層や経済状況だけでなく，個人の趣味嗜好やライフスタイルといった問題について検討することが可能になってくるのである。

(2) 居住者情報とライフスタイル

次に，近現代遺跡から出土した遺物（生活財）と居住者のライフスタイルの関係を探ることのできる興味深い調査事例として，2001（平成13）年から2002（平成14）年にかけて発掘調査が実施された東京都港区上行寺跡・上行寺門前町屋跡遺跡の事例を取り上げてみたい（港区教育委員会・株式会社盤古堂2006）。この遺跡では江戸時代の寺院跡や町屋跡が検出され，それに伴って多くの近世遺物が出土している。また，調査区南東部の台地下段部において大谷石を用いて構築された擁壁に沿って配置された遺構群（253号遺構，252号遺構，152号遺構，154号遺構，245号遺構，284号遺構，125号遺構）から多量の近代遺物が出土している。なかでも遺物の出土量の多かった遺構が253号遺構（第7図）であり，そこからは廃棄された近世の陶磁器・土器，近代の磁器（多量の洋食器を含む），磁器人形，ガラス瓶（飲料瓶・調味料瓶・食品瓶・化粧瓶・薬品瓶・文具瓶），ガラス製品（グラス・電灯傘・電球）が出土している。

本遺跡が注目される点は，土地の登記簿などから当時の居住者が判明したことである。その居住者とは1921（大正10）年から1984（昭和59）年までこの地に居住していたA家であり，本遺跡から検出された近代の遺構群中からはA家に関連する資料が出土している。また，発掘調査を担当した山田仁和は近代遺物が廃棄された大正時代末期から戦時中のA家とその当主について文献調査を行い，子孫への聞き取り調査も実施している（山田2006）。

A家の当主は，1884（明治17）年に現在の鳥取市に生まれた。1902（明治35）年に鳥取県立第一中学校を卒業後，上京して明治学院中等部で英語を学び，明治36（1903）年に第五高等学校，1907（明治40）年に東京帝国大学理学部地質学科に入学して，石油地質学を専攻して1910（明治43）年に卒業している。1912（明治45）年には石油会社に入社し樺太・台湾・中国などの油田調査を行っている。その後1914（大正3）年に結婚し，1916（大正5）年に長女，1919（大正8）年に長男が誕生し，大正10（1921）年にはアメリカ・メキシコ出張，本遺跡地である東京芝区へ移転，次女が誕生している。さらに，関東大震災のあった1923（大正12）年に次男が誕生し，1924（大正13）年には中東・ヨーロッパ出張，三女が誕生している。また，大正時代後半から昭和時代初

第７図　上行寺跡・上行寺門前町屋跡遺跡 253 号遺構（港区教育委員会・株式会社盤古堂 2006）

期にかけて早稲田大学，京都帝国大学，九州帝国大学の講師をつとめ，1938（昭和13）年に日本石油取締役，1941（昭和16）年に帝国石油理事，1942（昭和17）年に帝国石油副総裁に就任し，同年に日本地質学会長に就任したが1944（昭和19）年に自宅で死去している。なお，当主死去の21年後の1965（昭和40）年には友人・後輩による追悼文集が刊行されている。

以上の経歴のA家の当主は専門の石油地質学関連の著作を多く残すとともに，野球や学生相撲などスポーツ振興においても活躍した人物であった。その他にも登山や写真を趣味としていたようである。追悼文集によれば，その性格は剛健実直，健啖，親分肌であり自宅に来客が多く，酒肴を供していたという。また，大食漢・甘党であり，鮨・すき焼き・餅が好物であったとされている。昭和時代初期の自宅の部屋はすべて和式の畳敷きであり，西洋趣味ではないにもかかわらず電気冷蔵庫や映写機，電話，扇風機，天体望遠鏡，ピアノ，アコーディオン，ライカ製カメラを所有していたという。

こうした居住者情報に対し，253号遺構を中心とした近代遺構から出土した遺物群の特徴にはこれらの情報と一致する点と一致しない点がある。このうち，居住者情報と一致する点としてまずあげられるのが，284号遺構から出土した次男の名が手描きされた灰皿の存在である。また，253号遺構から多量に出土した磁器人形（ビスクドール）は3人姉妹の存在やアメリカやヨーロッパへの海外出張との関連を想像させるものであり（写真25），253号遺構から出土したガラス製のコダック社の現像液瓶は，当主が写真が趣味で現像・焼き付けも行っていたという情報と一致する。これに対し，居住者情報と一致しない点もみられる。それは和風の住宅に住み，西洋趣味ではなかったA家が所有していた多量の洋食器が出土している点であり，特に253号遺構からは和食器を凌ぐ量の洋食器が出土している（第8図）。これについては「海外出張の多さ」や「夫人の趣味」といった解釈も可能であるが，洋食器の種類別では皿類の割合が低く，カップ&ソーサー類（写真26・27）の割合が高いことから（第9図），山田の指摘するように，来客が多かったA家であったため接客のためのカップ&ソーサー類が頻繁に用いられたことが想定できる（山田2006）。また，A家では飲食を共にする来客が多かったと思わ

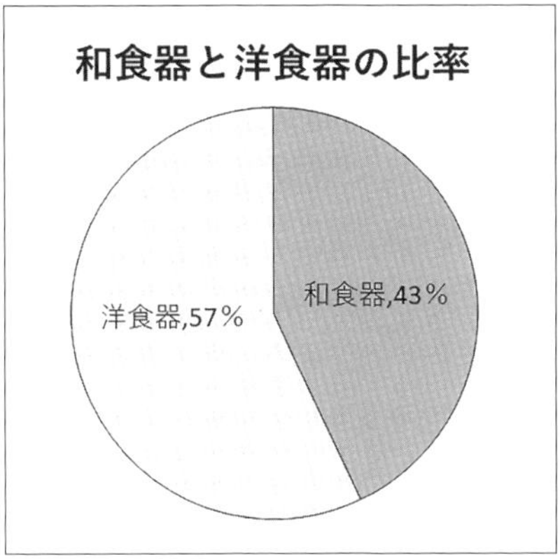

第８図　上行寺跡・上行寺門前町屋跡遺跡の和食器と洋食器の割合

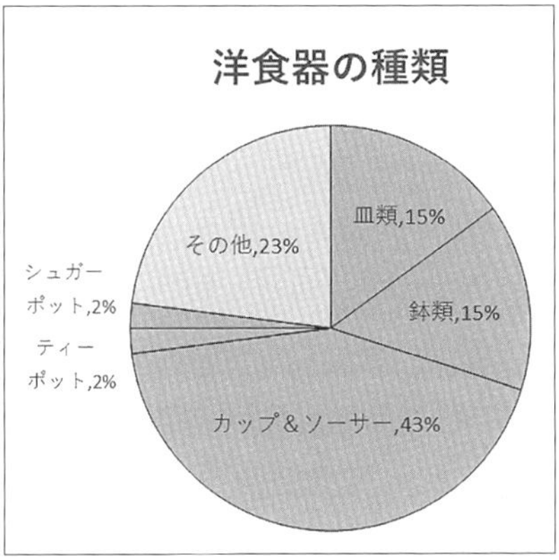

第９図　上行寺跡・上行寺門前町屋跡遺跡の洋食器の種類

れるが，そのことは「麻布永坂」（寛政年間創業の更科蕎麦店）の蕎麦つゆ瓶が多量に出土していることと関連している可能性がある。

このような253号遺構を中心に出土した洋食器や洋風の遺物群は，戦間期の社会的な地位が高く経済的にも余裕のある階層（新中間層）に属する家庭の生活の一端を示している。剛健実直で衣服に執着せず，当時の自宅の部屋はすべて和式の畳敷きで椅子を用いた生活でなかったにもかかわらず，電気冷蔵庫や映写機，電話，扇風機，天体望遠鏡，ピアノ，アコーディオン，ライカ製カメラを所有していたライフスタイルの不統一さに対し，伝統的な和風の暮らしに進出してきた洋風の文物や生活様式の混在状況は「和洋二重生活」（和歌森 1980）とも呼ばれ，統一感がなく不経済であるとの批判を当時から受けていたと山田は指摘している（山田 2006）。上行寺跡・上行寺門前町屋跡遺跡の調査事例はこのような戦間期における新中間層家庭の「文化生活」の受容実態を反映しているのである。

わが国の近現代において消費されたモノ（生活財）と居住者のライフスタイルとの関係を探る試みはまだ緒についたばかりである。今後は発掘された遺跡の居住者に関する徹底した文献調査や聞き取り調査を実施したうえで，その調査成果と出土した遺物の特徴を比較検討しながら近現代における人と

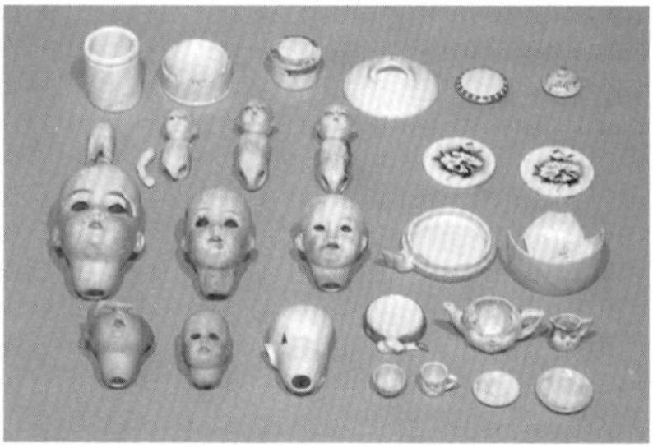

写真 25　上行寺跡・上行寺門前町屋跡遺跡出土の近代遺物 1

写真 26　上行寺跡・上行寺門前町屋跡遺跡出土の近代遺物 2

写真 27　上行寺跡・上行寺門前町屋跡遺跡出土の近代遺物 3

モノ（物質資料）の密接な関係を解明することが，今後近現代考古学に期待される役割である。

おわりに

発掘調査によって検出された遺構や遺物と，実際にその地で暮らしていた居住者に関わる様々な記録や聞き取り調査の結果を比較検討することが可能であるという点で，近現代の遺跡は他の時代の遺跡とは異なる性格を有していることは明らかである。ただし，既に述べたように，残された記録と発掘された資料を比較検討することが可能であっても，記録と実際の発掘資料の分析結果が必ずしも一致するという訳ではない。また，聞き取り調査において当時の状況が必ずしも正確に語られるとは限らないことも事実である（桜井 2007b)。このことは様々な記録が豊富に残っている近現代の遺跡をわざわざ発掘する必要はないとする人々に対する反論となるものであるが，それだけでなく発掘調査によって現代に暮らす我々が想定していなかった当時の慣習や生活実態，さらには通常では考えづらいモノ（発掘資料）と彼らの行動との結びつきが明らかになることがある[4)]。また，近現代遺跡の発掘調査によって出土した遺物から居住者（個人）の意外な一面を発見することも期待される。

こうした出土遺物と当時の居住者との関係を探る試みは，近現代遺跡だけでなく居住者に関する記録が残っている可能性がある近世遺跡にも適用できることは論を待たないであろう。しかしながら，近世遺跡では被葬者が特定されている墓の副葬品などの例外はあるが，通常は遺跡の敷地内の土地利用状況（大名屋敷における御殿空間や詰人空間など）から出土遺物の保有者あるいは消費者について推測することは可能ではあるものの，家族や個人レベルで保有者が特定されることは稀である。

これに対し，近年注目される近世遺跡（江戸遺跡）として東京都新宿区四谷一丁目遺跡があげられる。本遺跡は商人や職人の営業と生活の拠点である町屋敷の遺跡であるが，とりわけ6次調査が実施された四谷塩町一丁目の調査区は土地の面積や価格，地主名がわかる沽券絵図や住民の名前や家族構成，出身地や職業がわかる人別書上，さらには関連する人物の記録が残されているため，検出遺構（麹室・地下室・建物跡など）や出土遺物（食膳具・調理具・暖房具・喫煙具・化粧道具・文房具など）との比較検討によって当時の住人の暮らしが詳細にわたって復元できる貴重な遺跡である。そして，新宿区立新宿歴史博物館で 2021（令和3）年に開催された本遺跡の企画展示では，町医者，両替・質商，味噌・舂米商の建物配置復元図と実際に検出された遺構図が比較検討され，出土遺物についても塗師の敷地から漆工用具が出土し，質屋の敷地では質屋が保管していたと思われる高級陶磁器が出土するなど居住者の生業と出土遺物を直接結び付けることができる，非常に興味深い調査・研究成果が示された（新宿区立新宿歴史博物館 2021）。このように本事例は近世遺跡においても居住者情報に関する詳細な文献史料が残されている場合には，検出された遺構や遺物と当時の家族や個人の関係をめぐる議論が可能であることを意味している。

本節ではわが国の遺跡から出土した近現代遺物について居住者の階層や個人のライフスタイルの観点から考察を加えたが，モノの消費のあり方を探るという点では出土遺物に残された痕跡から個人の行動を直接的に復元することができる使用痕研究も有効な分析方法であることを最後に指摘したい。わが国の使用痕研究は1970年代末頃から主に旧石器を研究対象として実体顕微鏡などを用いて実施された研究手法であるが（阿子島 1989），近代の碗や皿など出土した食器の表面に箸やナイフなどの食膳具によって残された使用痕を観察することができる。また，こうした使用痕の分析によって食器の使用頻度の問題だけでなく，使用痕の種類や方向の分析によって使用された食膳具の種類や使用者の動作を復元することができる。さらに，それによって食器使用者の食事作法（マナー）についても検討が可能になるなど[5)]，使用痕研究は近現代考古学においても有効な研究手法として期待される（桜井 2005・2007d）。

近現代考古学は人文・社会科学の諸分野との関係の中で，人とモノとの関係を探る物質文化研究として位置づけられる分野であり，理論と実践の双方の面から今後発展が期待される考古学の新たな研究分野である。

註

1）その理由として，1998（平成10）年の文化庁通達の影響があげられる。文化庁はその通達で埋蔵文化財として扱うべき遺跡の範囲として，近現代の遺跡の調査については「地域において特に重要なものを対象とすることができる」としているため，近現代遺跡が地域の歴史を特徴づける極めて重要な存在であると認められる一部の遺跡を除き，通常の近現代遺跡が調査され，報告される事例は減少した。

2）例えば，Karlin と Julien は，ヨーロッパ後期旧石器時代のマグダレニアン（マドレーヌ）文化の石器製作に関して，熟達度や個人的特性としての「知識」や「ノウハウ」，「癖」や「気まぐれ」の存在を想定し，石刃生産のバリエーションが技術的熟達のレベルによるものであるとしたうえで「見習い期間」の存在を示唆している（Karlin and Julien 1994，桜井 2004b）。

3）大磯町教育委員会のご厚意で出土遺物を実見させていただいた。

4）例えば，1920（大正9）年に設置された結核療養所であった東京都江古田遺跡が発掘調査され，多量のガラス瓶とともに肉汁瓶が出土している。肉汁は通常調理に使用されるものであるが，当時結核患者が肉汁を飲用していたとされており，入院患者が滋養のために飲用したと考えられる（桜井 2006c）。

5）上行寺跡・上行寺門前町屋跡遺跡出土の近代の洋皿の中に，洋皿の中心に対してやや右側（右利きを想定した場合）の表面に肉類などを切った際のナイフによると思われる複数の使用痕（線状痕）が集中していることを確認したが，その方向は洋皿の中心に向かうのではなくすべて縦方向に残されていた。西洋マナーに則った場合は洋皿の中心に向かって斜め45°前後の方向に使用痕が残されるため，洋皿の使用者は西洋マナーに則っていなかったことになる。

第3節　近現代貝塚の発掘

1．塚のある風景

本節で紹介する近現代貝塚の所在する三浦半島は神奈川県の南東部に位置し，東京湾と相模湾を隔てるかたちで太平洋へと突出している。半島の周囲には多数の小湾が発達しており，それらを中心に漁村が点在している。三浦半島の先端部東南端に位置する松輪地区（第10図）もその一つである。この地区では台地上で大根，西瓜，キャベツ等が栽培されているが，間口湾を拠点的な漁港として発達した漁村でもある。松輪地区では磯浜が広がっており，海岸付近から直接深場に出ることができる。また，東京湾湾口部に面していることから，湾内と外洋を回遊する魚の魚道を目前に控えている。こうした自然環境に恵まれているため，松輪地区では古くから漁業が盛んであり，1674（延宝2）年には江戸付肴場設立に伴って附浦となり，近世末期に上方漁法の影響を受けてからは漁業が生業に占める割合はいっそう高まった。

本地区周辺の地形は，標高30mから60mほどの東傾する台地と，それを深く刻む谷戸で構成されている。集落は台地上，谷戸の内ともに存在している（第11図）。三浦の塚研究会（代表：櫻井準也）が実施した踏査によって，これら集落の近辺には「ケンガラバ」と称される日常的に貝殻や生活財を廃棄する地点が存在することが判明している（三浦の塚研究会2002)。そこには生活財（陶磁器やガラス瓶など）をはじめ，釣針や土錘などの漁具，貝類などの食物残渣が廃棄されており，採集資料を検討する限りでは，その一部に近世にまで遡る「ケンガラバ」も確認された。「ケンガラバ」は確認されたものだけでも集落ごとに複数認められるが，これらの「ケンガラバ」には谷戸頭や斜面部に生活財が廃棄されるものと多量の貝殻や生活財を廃棄することによって塚状の盛り上がりを呈するものが認められた。後者の塚状の「ケンガラバ」は三浦半島南部の三浦市域に多く点在しており，村落景観を構成する重要な要素となっている。その中でも田島原集落の北東には長さが50mを超えるような巨大な塚（タッチャバ）も存在する。また，塚状の「ケンガ

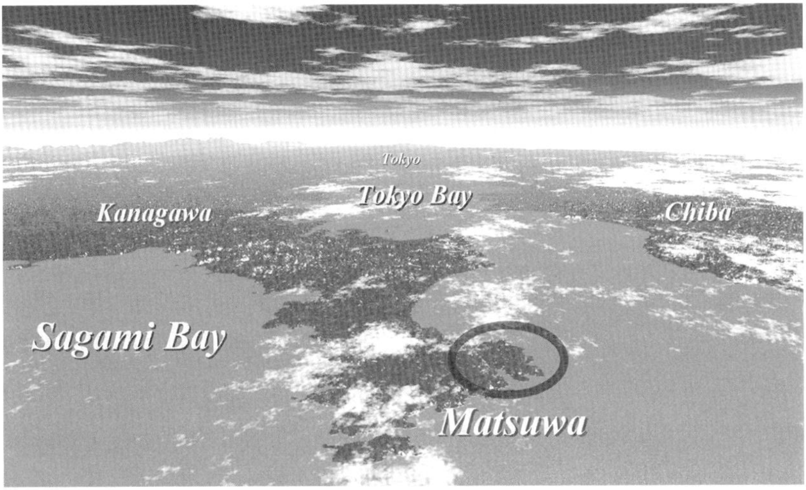

第１０図　三浦市松輪地区の位置（三浦の塚研究会 2003）

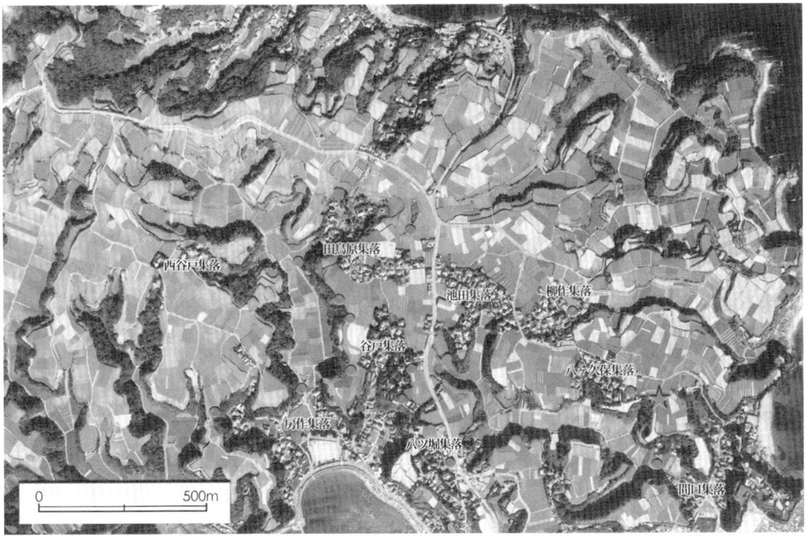

第１１図　松輪地区の集落分布（三浦の塚研究会 2003）

※図中右下の★がヤキバの塚遺跡

ラバ」とは別に松輪地区には松塚や金堀塚のような比較的大きな塚が，ある種の村境のメルクマールとなるように存在している。

このように，この地域では古くから地域景観を構成する塚の存在が重要視されており，貝殻や日常の生活財を廃棄する「ケンガラバ」を塚状にするという行為がこの地域では何らかの意味を持っていたと考えることもできる。

こうしたなか，三浦の塚研究会では2001（平成13）年の踏査の結果を受けて，形成時期や性格が不明瞭であったこれらの塚状の「ケンガラバ」の実態解明のため，2002（平成14）年および2003（平成15）年の夏に松輪地区の八ヶ久保に所在するヤキバの塚遺跡の発掘調査を実施した。

2. 遺跡の概要

発掘調査を実施したヤキバの塚遺跡は松輪地区東方の台地上，八ヶ久保集落の東方に広がる畑地に位置する（写真28)。塚の規模は現状で長さ約20m，頂部と畑地との比高差は約2.5mであるが，西側を中心に周囲が耕作によって削られており，かつてはより大きな規模であったと考えられる（第12図)。トレンチ調査の結果，本遺跡は明治時代から戦後にかけて形成されたものであることが明らかになった。塚の層序は1層〜9層および表土層に区分できた（第13図)。各層の時期は，表土層が戦中から昭和30年代頃，第1層が戦中頃，第2層が昭和前期，第3a・b層が大正末〜昭和初期，第3c層が大正後期，第4層が明治末〜大正期，第5・6層が明治30〜40年代，第7・8層が明治20〜30年代，第9層が明治10年代頃と推測された。なお，第3b層と第3c層の間に硬化面があり，その面に比較的大型の生活財が投棄されているため，これらが関東大震災の後片付けによるものである可能性がある。出土遺物は陶磁器やガラス製品を中心とした人工遺物と貝類・魚類を中心とした自然遺物が大量に出土した。このうち，人工遺物では碗・皿・鉢・壺・湯呑み・急須・土瓶・銚子・擂鉢・灯明皿・鉄漿壷・油壺・御神酒徳利・仏飯碗などの陶磁器，七輪・焜炉・焙烙などの土器類，酒瓶・調味料瓶・化粧瓶・薬品瓶・インク瓶・電燈笠・電球などのガラス製品，煙管・ランプ・電池・釘などの金属製品などの様々な生活用具，釣針・土錘・蛸壺などの漁具，

写真28　ヤキバの塚遺跡の現況

さらに陶製地雷や海軍の皿などの戦争関連遺物が出土した。

なお，今回はトレンチ調査による限られた面積の発掘調査ではあったが，層位発掘を実施し，「近現代の貝塚」という認識のもとに土壌サンプル（柱状サンプル）の採取・フルイがけ，貝類の計測など縄文時代の貝塚の発掘調査に劣らない精度で調査を実施した。

3. 近現代貝塚の調査成果

ここでは，ヤキバの塚遺跡の発掘調査の結果，明らかになった調査成果を提示するとともに，そこから派生する様々な研究の方向性について個別に検討してみたい。

(1) 発掘された生活財をめぐる諸問題

①　近現代の漁民の暮らしと近代化

本遺跡では幅1mのトレンチ調査ではあったが，層位発掘を実施し，明治から戦後にかけての近現代遺物が出土したため，出土資料は陶磁器など近現代遺物の編年研究における基準資料になることが期待される。また，近現代生活の復元という観点で捉えると，生活財の消費状況やその推移など近現代の漁村生活に関する多くの研究成果が得られた。例えば，層位ごとに回収さ

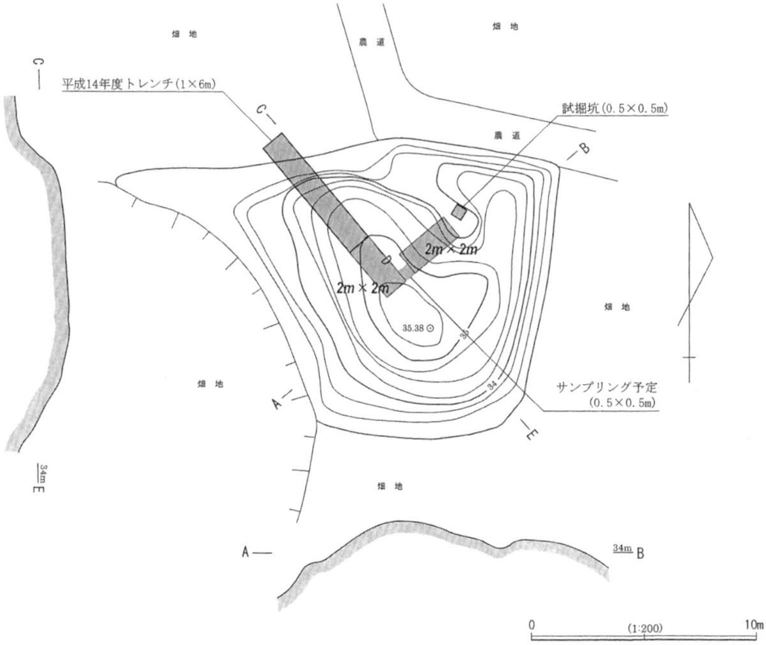

第 12 図　ヤキバの塚遺跡の平面図

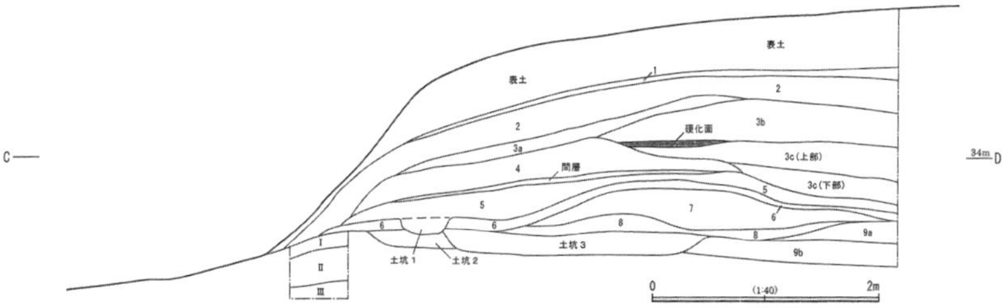

第 13 図　ヤキバの塚遺跡の土層断面図

れた生活財の変遷を追ってゆくと，次のような非常に興味ある傾向が読み取れる（第 2 表）。

まずは松輪地区における「明かり」事情に関するものである（写真 29）。具体的には，明治 10 年代頃から普及したとされるランプの火屋の破片やランプの部品が各層から出土するのに対し，明治中期～大正期の層から近世的な灯火具の一部である秉燭，灯明皿，灯明受皿が出土し，大正末～昭和初期以降の層から電灯の笠，電球，碍子などが出土している。この出土傾向はこの地域の「明かり」事情を反映している。この地域への電力供給が大正期であることから，大正期頃に近世的な灯火具が使用されなくなり，光源が電灯へと変化していった様子がうかがえる。ただし，ランプの火屋が戦中・戦後になっても出土している点については，ランプが物置などに保管されていたというだけでなく，この頃まで電気が安定して供給されておらず，停電時などにランプが使用されていたことを想像させる。

次に，興味深いのは「化粧」事情に関する遺物の出土状況である。具体的には，日本髪には欠かせない鬢付け油の容器である油壺（写真30）やお歯黒に用いる鉄漿壺や鉄漿坏（写真31）が明治末～大正期までの層から出土している。このことは，大正期頃には日本髪を結う習慣が廃れ，お歯黒の風習がなくなったことを示している。これに対し，ガラス製の化粧水瓶が明治末～大正期頃から出土するようになり，大正末～昭和初期以降には化粧クリーム瓶とともに安定して出土するようになっており，この頃には女性の薄化粧が定着してきたことを示している。

また,「子ども」に関連する遺物として,子ども茶碗（写真32）やおはじき・ビー玉・石蹴り玉などのガラス製玩具が明治末以降，駄菓子屋で売っていたニッキ水瓶が大正後期以降，夜店などで売っていた鉄製玩具やプラスチック玩具が戦中・戦後の各層から出土している。このように,明治末期頃から徐々に「子ども」に関連する遺物が出土するようになってくる。これに対し，本遺跡からはブリキ製玩具はまったく出土していない。

さらに，食器に関しては飯茶碗や中・小皿が多く出土するのに対し，大皿や大型の鉢はほとんど出土していない。また，そのほとんどが和食器であり，一部の明治期の資料を除いて洋食器が出土するのは戦中・戦後の時期になってからであることも注目される出土傾向である。

このような近現代生活を象徴する遺物の変遷を追っていくと，三浦半島の漁村部で近世（伝統）的生活が近代（現代）的生活に転換する時期として大

第２表　ヤキバの塚遺跡出土の生活財変遷

層位	時期	磁器絵付	近世陶磁器	洋食器	明かり	化粧	子ども
表　土	戦中～昭和30年代	手描き、型紙摺り、銅版転写、吹き絵、ゴム版絵付、朱点文、**スクリーン転写**		○	ランプ、火屋、電球、電池、碍子	化粧水瓶、化粧クリーム瓶、椿油瓶	子ども茶碗、人形、プラスチック製玩具、ビー玉、おはじき、ファミコンカセット
1　層	戦　中	手描き、色絵、型紙摺り、銅版転写、**ゴム版絵付**			火屋、電球、電池	化粧水瓶、化粧クリーム瓶	子ども茶碗、ニッキ水瓶、鉄製玩具、ビー玉、おはじき、石蹴り玉
2　層	昭和前期	手描き、型紙摺り、銅版転写、吹き絵、**ゴム版絵付**	○		ランプ、火屋、電球、碍子、笠	化粧クリーム瓶、簪	子ども茶碗、ニッキ水瓶、ビー玉、おはじき
3 a･b層	大正末～昭和初期	手描き、型紙摺り、銅版転写、吹き絵、**ゴム版絵付**	○		火屋、碍子、電燈笠	化粧水瓶	子ども茶碗、ニッキ水瓶、ビー玉、おはじき
3 c層	大正後期	**銅版転写**			灯明皿、ランプ、火屋、笠		ニッキ水瓶、おはじき
4　層	明治末～大正	手描き、型紙摺り、**銅版転写**、吹き絵	○		秉燭、灯明受皿、灯明皿、脚付灯明皿、火屋、笠	鉄漿壷、油壷、化粧水瓶、櫛	おはじき
5層・土坑１	明治30～40年代	手描き、**型紙摺り、銅版転写**	○		脚付灯明皿、火屋、笠	油壷	子ども茶碗、おはじき、石蹴り玉
6　層	明治30～40年代	手描き、**型紙摺り**	○		火屋、笠		おはじき
7　層	明治20～30年代	**手描き、型紙摺り**、銅版転写	○		灯明皿、脚付灯明皿、火屋、笠		
8　層	明治20～30年代	手描き			火屋	鉄漿坏	
土坑２・３	明治20～30年代	**手描き、型紙摺り**	○		灯明皿	鉄漿坏	
9　層	明治10年代	**手描き**、型紙摺り	◎		火屋		

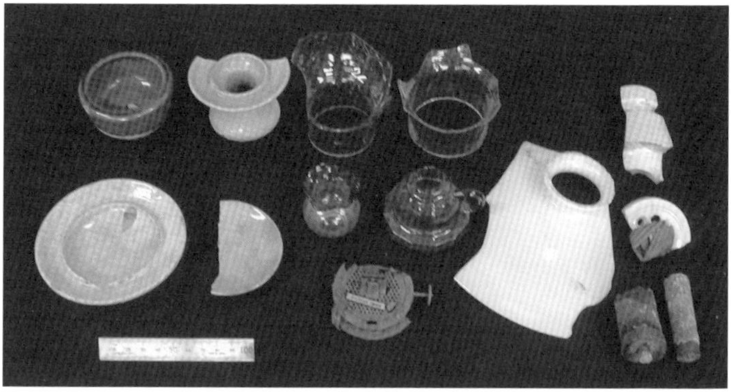

写真29 「明かり」関連の遺物

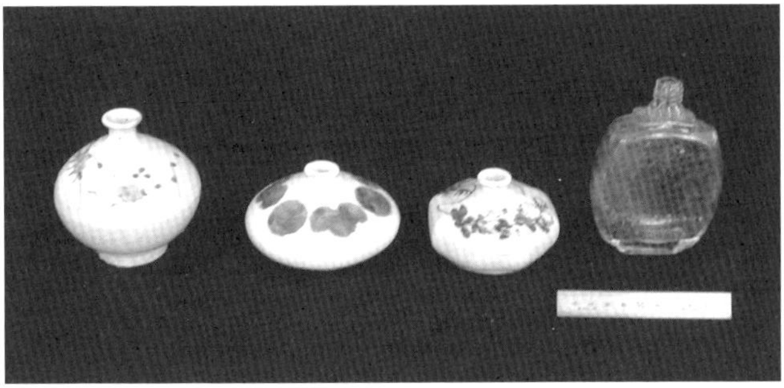

写真30　「化粧」関連の遺物（油壺）

写真31　「化粧」関連の遺物（お歯黒道具）

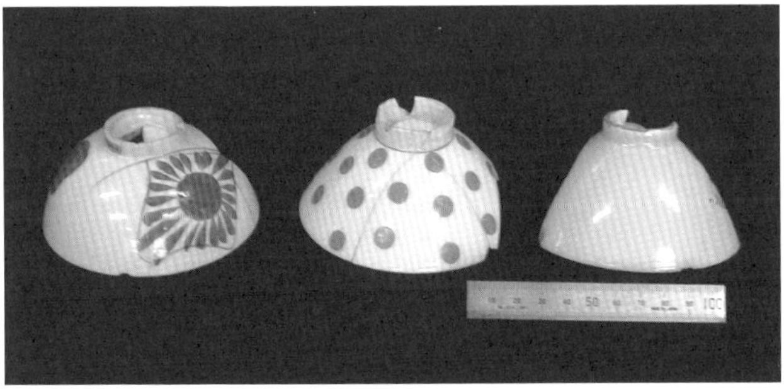

写真32　「子ども」関連の遺物（子ども茶碗）

正期頃が重要な転換期として位置づけられることがわかる。また，生活財に使用される素材という観点では，この時期はガラス瓶などのガラス製品の出土量が急激に増加する時期でもある（桜井 2006c）。

② 生活財の使用期間

遺物の伝世や使用期間の問題（桜井 2002）は，すべての時代の考古学研究にとって無視できない問題であるが，本遺跡では近現代遺物という新しい時代の遺物が対象であるため，遺物の製作年代と廃棄年代の差を明瞭に認識することができる。第 2 表に示したように，磁器の絵付け方法の変遷（手描き・型紙摺り・銅版転写・ゴム版絵付けなど）についてはほぼ想定された通りに変遷するが，明らかに古い時期に生産された磁器が数十年間保有されていたと考えられる資料も多い。その典型的な資料が近世の陶磁器の存在である。近世の陶磁器は下層だけでなく第 2 層まで出土しており，昭和になっても民家に保管されていたことがわかる。また，興味深い傾向として最下層の第 9 層（明治 10 年代）には近世の陶磁器が非常に多く含まれ，19 世紀中頃つまり幕末頃の資料が主体をなすのに対し，第 3a・b 層（大正末～昭和初期）などでは数は少ないものの 18 世紀や 19 世紀前半の資料がみられることが判明している。このことは，幕末から継続して使用されたものが廃棄される第 9 層段階とそれ以降では近世陶磁器の保有形態のあり方が異なることを暗示している。この出土傾向は陶磁器の伝世や使用期間の問題を考える上で興味ある問題であり，今後の重要な検討課題の一つである。

③ 「廃棄」か「送り」か

次に問題となったのは，出土した生活財が「廃棄」によるものか「送り」によるものなのかという問題である。もちろん，それを一義的に決定することは難しいが，この問題は縄文時代研究においても常に話題になる問題でもある。これに対し，近現代遺跡においては発掘調査の所見だけでなく文献調査や聞き取り調査などにより情報を得ることができる。本遺跡では，塚の北東部に参道が作られ，1767（明和 4）年の銘のある地蔵が安置されている。毎年 8 月の盆の 16 日にはその地蔵の周囲に盆で使用した飾りや供物が並べられ（「オショロ流し」），片付けられることなく朽ちている（写真 33）。この塚は生活財の「廃棄の場」というだけでなく，盆の「送り場」，つまり信仰の場にもなっているのである。また，既に述べたように本遺跡からは子ども茶碗・おはじき・ビー玉からファミコンのカセットにいたる「子ども」に関連する遺物が多く出土している。さらに，トレンチ内からではないが地蔵側の斜面に埋められた人形も掘り出されている（写真34）。「この塚に子どものものを持っていった」という八ヶ久保集落の古老への聞き取り調査の成果も得られているので，この塚に子どもの所有していた人形や玩具，生活財などの道具を「送る」という行為が行われていた可能性が高い。つまり，この遺跡が壊れたり使用しなくなった生活財を捨てる「廃棄の場」という機能だけでは説明できないものであり，「送り」の場としての意識も介在していた可能性がある。このような感覚は現在の我々にはない感覚であるが，人とモノとの関係を探る考古学にとって無視できない問題である。

(2) 発掘された自然遺物をめぐる諸問題

これに対し，自然遺物の調査結果からも多くの興味深い成果が得られている。

① 漁民の魚類消費

魚類では，現在までに判明しているもので，ウツボ科・ニシン科・マイワシ・サケ科・マトウダイ科・フカカサゴ科・スズキ属・アマダイ科・シイラ属・アジ科・ブリ属・タイ科・クロダイ属・マダイ・タカノハダイ属・イシダイ属・メジナ属・ベラ科・ブダイ科・サバ属・カツオ・カレイ科・ヒラメ科・カワハギ科・ウマズラハギ・カワハギ・ハコフグ科・フグ科の魚類が検出されており，カワハギ科を筆頭にサバ属・タカノハダイ属・フサカサゴ科の占める割合が高いことが判明している（山崎 健氏による）。

ここで注目されるのは出土した魚種と，商品として流通した魚種の違いである。第3表は1880（明治13）年の松輪村の漁業生産暦であるが，3月から10月はイワシ，4月から6月まではサバやイサキ，5月から6月はヒラメ，9月から5月はタコ，7月から10月はシビ，9月から6月まではタイ，10月から1月まではカサゴ，12月から2月まではブリ，通年のエビなどとなっており，漁法としては釣漁，延縄漁，網漁などが行われている。このように

写真33　盆の「送り場」としての塚

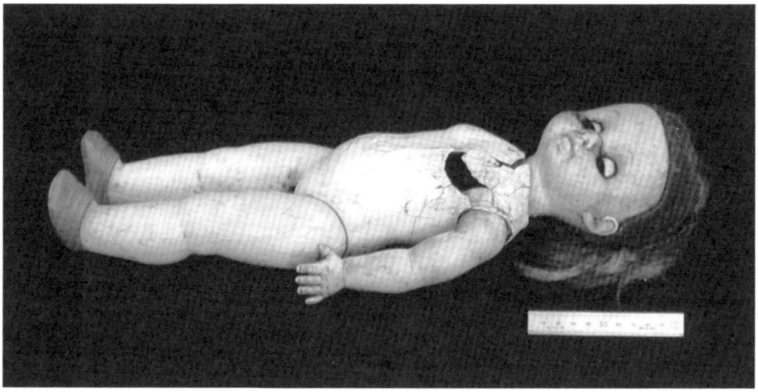

写真34　塚から出土した人形

近代はじめ頃の松輪では，エビ，タイ，ヒラメ，イサキ，カサゴ，サバなどを漁獲する沿岸漁業が中心であった。なお，「松輪サバ」がブランド化して現在のように注目されるようになったのは最近のことである。

これらを遺跡から出土した魚類と比較すると重なる魚種も多いが，遺跡から出土した魚種には市場では通常取り引きされないものも含まれている。ま

第3表　明治13年における松輪村の漁業生産暦

No.	魚種・漁法	1月	2月	3月	4月	5月	6月	7月	8月	9月	10月	11月	12月	備考
1	しびなわ							―	―	―	―			
2	たいなわ	―	―	―	―	―	―			―	―	―	―	
3	はらさなわ						―	―	―	―	―			
4	ぶりなわ	―	―										―	
5	小なわ	―	―	―	―						―	―	―	
6	かさごなわ	―									―	―	―	
7	七目網			―	―	―								
8	たい網	―	―	―	―	―					―	―	―	
9	えび網	―	―	―	―	―	―	―	―	―	―	―	―	季節限なし
10	手操網	―	―	―							―	―	―	
11	たこ釣	―	―	―	―	―				―	―	―	―	
12	ひらめ釣					―	―							
13	小釣			―	―	―	―	―	―	―	―			
14	小釣のうちいさき				―	―	―							
15	いわし網			―	―	―	―	―	―	―	―			
16	こませ	―	―	―	―	―	―	―	―	―	―	―	―	限なし
17	菱突	―	―	―	―	―	―		―	―	―	―	―	
18	海士						―	―	―					
19	さばなわ				―	―	―							
20	たたき網	―	―	―	―	―					―	―	―	
月別の漁法頻度		11	10	12	13	13	11	7	8	9	14	10	11	

「水産取調」より作成

（三浦市教育委員会 1987）

た，魚種組成をみると，かつてはこの地域の漁業の中心的魚種であったタイなどの組成比率は低く，代わりにカワハギ科が多量に出土しているという傾向がみられた。サバ属に関しては腹椎椎体による体長推定の結果，小型のサバがほとんどであることも判明している。今後さらに分析を進める必要があるが，これらの魚類が近代の松輪の人々が消費したものであることを考えると，検出された魚類は商品にならない魚種や大きさのもの，あるいはサケのように魚屋などから購入したものが主体であったことが想像できる。

このように，本遺跡では魚類の分析によって漁村における魚類消費の実態に関して興味深い分析結果が得られた。また，これ以外にも本遺跡からは刺網に使用された土錘や鉄製釣針などの漁撈具が多く出土しており，出土した魚種との関連が注目される。さらに，近現代漁業では漁獲対象や漁法の変化が想定されるが，その背景として動力船の導入（大正5・6年頃からサバ漁，大正10年頃からカツオ・マグロ漁に導入），製氷機の登場（明治44年および昭和8年に三浦製氷株式会社設立，昭和29年に船内急速冷凍技術開発）が重要な役割を果たし，遠方の水産資源へのアクセスが容易になったことや養殖の開始により漁業をとりまく環境が変化したこと（渡辺2005）も十分考慮しながら今後考察してゆく必要がある。

② 漁民の貝類消費

これに対し，本遺跡から出土した貝類はサザエ・ボウシュウボラを中心に，巻貝としてヤツシロガイ・ヒラサザエ・アワビ・トコブシ・マツバガイ・ベッコウガサガイ・ヨメガカサ・ウノアシガイ・ユキノカサガイ・エビスガイ・イシダタミ・クボガイ・クマノコガイ・コシダカガンガラ・バテイラ・スガイ・コシダカサザエ・ハリサザエ・アマガイ・オオタニシ・オオヘビガイ・ウミニナ・ホシキヌタガイ・ツメタガイ・カコボラ・オオナルトボラ・アカニシ・イソバショウガイ・レイシ・イボニシ・イソニナ・ナガニシ，二枚貝としてカリガネエガイ・サルボウ・イタヤガイ・ヤマトシジミ・ハマグリ・オニアサリ・アサリ・ウチムラサキ・シオフキ・バカガイ・ミルクイガイ・アカガイ・ベンケイガイ・マガキ・イワガキ・イガイ・サラガイなど多くの種類が確認された（写真35）。また，フタリビワガライシやエノウラキサンゴなどのサンゴ，アカウニやバフンウニ・アカフジツボなどの水生生物も出土している（渡辺2005）。

貝類組成を検討すると，サザエを主体にボウシュウボラも比較的多く出土していることがわかる（第14図）。このうち，サザエは現在，商品として一般的に流通しているが，その商品価値が高まったのは戦後になってのことといわれている。また，ボウシュウボラも現在は漁獲量が少なくなってきたが，戦前はよく食べられていた貝類であり，大正期以前は大量に自家消費されていた。ボウシュウボラは水深5mから30mくらいの深い外洋に生息するた

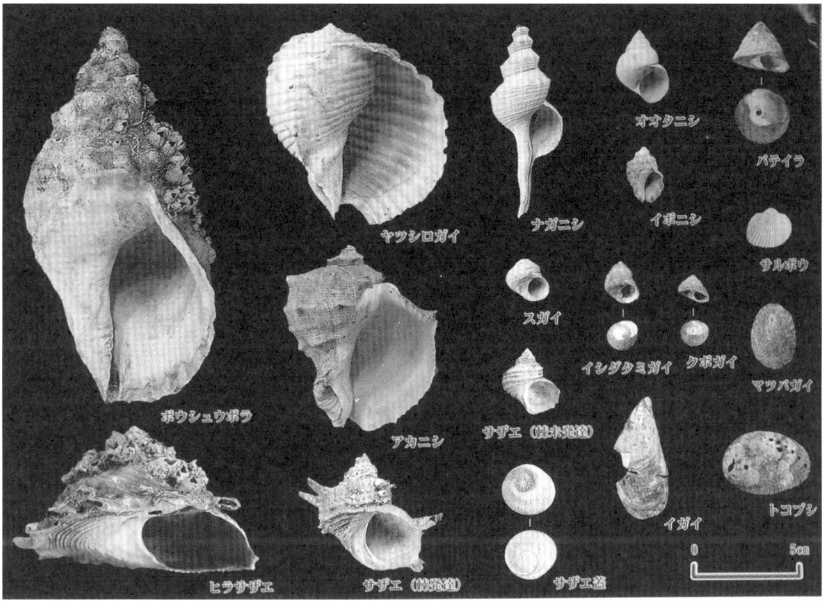

写真35　出土した主要貝類（三浦の塚研究会2003）

めに，見突き漁（船上より箱メガネを用いて海底をのぞき，磯魚を突いたり，貝類，藻類等を捕採する漁）や潜水漁法で大量に採取することは難しく，イセエビなどの刺網漁などで採取されることが多かったと推定されている。なお，遺跡から出土するボウシュウボラには割られて中身が取り出された痕跡が多くみられる。これに対し，古くから商品価値の高かったアワビは大量に採られて東京へ運ばれ消費されていた。本遺跡からもアワビが出土しているが，その数はわずかであり，採取されたアワビのほとんどが自家消費されず商品として流通したものと考えられる。

また，遺跡からは殻に穴が開いた穿孔サザエが出土しているが，これは見突き漁の際に漁具で誤って穴を開けてしまったものと考えられる（写真36）。このようなサザエは商品価値がないためすべて自家消費されることになる。

このように，貝類に関しても魚類と同様に市場では取り引きされない貝類が多く出土しているのに対し，商品価値の高いアワビは極少量しか出土して

写真 36　穿孔サザエ（三浦の塚研究会 2003）

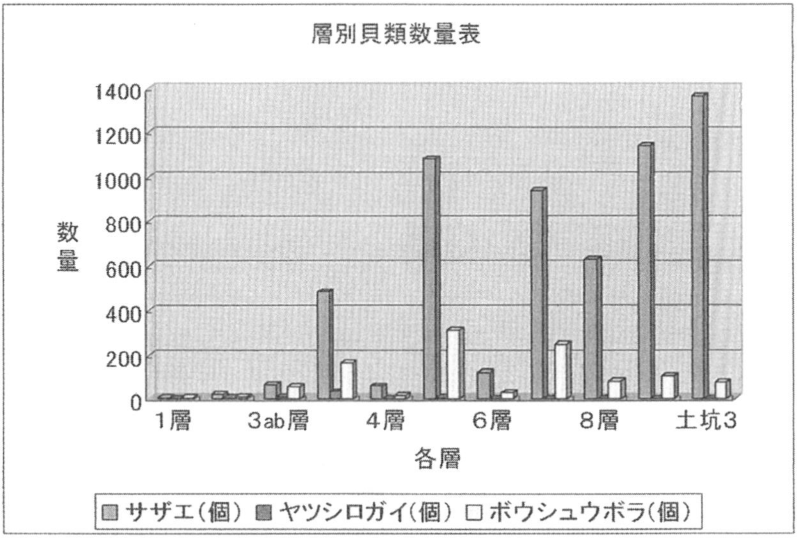

第 14 図　主要貝類の層別出土状況（渡辺 2005）

いないという出土傾向がみられるが，これは近代の漁村における貝類消費の実態を反映していると思われる。

③　漁村から出土する自然遺物の特徴

自然遺物に関する分析の結果は，近代漁村における食生活の実態を解明する貴重な手がかりを与えてくれる。例えば，今回の分析によってヤキバの塚遺跡に廃棄された魚類や貝類の多くが商品として流通したものではないことが想像されるが，これは中世以降の貝塚やゴミ穴から出土した自然遺物を研究対象とする場合，当然認識しておかなければならない基本事項である。つまり，当時の漁獲量統計はあくまで出荷されて消費地へ送られる魚貝類の漁獲量であり，商品にならないため自家消費される魚貝類は含まれないことになる。また，民俗学において行われる食事献立などに関する聞き取り調査（遠藤ほか 1992）に登場してくる魚貝類はあくまで代表的なものであり，日常的に消費された魚の種類や大きさなどの詳細な情報は得られない。その意味で，本遺跡から出土した自然遺物は漁村における魚貝類の消費のあり方に関して，出土資料を用いて具体的に解明することのできる貴重な資料である。

なお，本遺跡からはこの他にもイヌ・ネコ・ウマ・ネズミ類・ニワトリなどの哺乳類や鳥類も出土している。このうち，第9層から出土したウマには食用にされた痕跡があり，明治初期の肉食の状況を知ることのできる興味ある資料である。

おわりに

この調査では近現代貝塚の発掘を実施することによって実に様々な調査成果が得られたが，これらは主に先史考古学で培われてきた方法を近現代という「新しい時代」に適用することによって得られたものであることを強調しておきたい。また，これらの調査成果は歴史学，経済史学，民俗学，民具学などの関連分野に対して考古学の新たな可能性を指し示すものでもある。

第4節　近代食器の使用痕分析

はじめに

今世紀になって，近現代の遺跡・遺物が博物館の企画展示（玉里村立史料館 2001），シンポジウム（メタ・アーケオロジー研究会 2004），講座（神奈川県考古学会 2004）など様々な場で取り上げられるようになってきた。その背景として，発掘調査に際して出土する近現代遺物に対して興味をもつ調査担当者が増えていることや，近現代遺跡の中で戦争遺跡や近代化遺産が社会的に注目されていることがあげられる。しかし，このような「新しい時代」を研究対象とする場合においても考古学的方法を用いた調査研究が実施されることが前提となるべきであり，そのためには考古学的分析手法の有効性を具体的に提示してゆく必要がある。第2節で述べたように，かつて筆者は，近現代考古学に期待される成果を4点あげた。本節では，その中で3番目にあげた遺物の廃棄行動やライフサイクル，使用痕の分析などから過去の人間行動の復元を試み，人とモノとの関係を明らかにするために使用痕の分析，具体的には食器に残された使用痕分析の有効性について検討するが，これは過去の人々の食事における動作や作法の復元に繋がるものである。この試みは，先史考古学的な分析手法を近代という時代に積極的に適用することによって，他の分野では得られない食生活に関する新たな研究成果を示し，物質文化研究としての考古学の有効性を訴えるものでもある。

1. 近代遺物と使用痕研究

出土した遺物がどのように使用されていたかを遺物に残された傷などの痕跡から探る使用痕研究は，わが国では1970年代後半頃から石器の使用痕研究によって注目されるようになった（阿子島 1989）。石器の使用痕研究において画期となったのが1964年のセミョーノフの著作（セミョーノフ 1968）であり，そこでは石器に残された線状痕を検出し，その分布や方向からその石器がどのような用途に使用されたかを推定した。そして，この著作が契機となって欧米では実体顕微鏡を用いた石器の使用痕研究が活発となった。その後，使用実験法の確立や高倍率の金属顕微鏡の使用によって使用痕研究がさらに進展し，わが国でも1980年代になると東北大学の研究チームを中心に石器の使用痕研究が盛んに行われた。分析対象となった石器も旧石器だけでなく，縄文時代の石器や弥生時代の石包丁などに及んでいる。しかし，従来の使用痕研究では狩猟や農耕に使用された石器などの道具が被加工物と接触する際に生じた使用痕に関する研究がほとんどであり，歴史時代の遺物，特に日常の飲食に供される食器[1)]に残された箸などによる使用痕に対する研究事例はほとんど存在しないのが現状である。

一般的に食器の使用に伴って生じる様々な痕跡の中で最も理解しやすいのが破損状況である。食器の破損状況はその食器の使用だけでなく保管や廃棄の状況を反映するものであるが，歴史考古学においてはそのような文脈での積極的な議論はなされていない。しかし，実際に食器の破損状況を研究対象とすると，考古資料ではその破損が使用に伴うものなのか廃棄に伴うものなのか区別することは難しいのが現状である。つまり，発掘資料から過去に使用されていた時点での破損状況を把握することには困難が伴うのである。こうした中で近代において当時使用していた食器の破損状況を図化した興味深い事例が存在する。考現学の今和次郎が昭和初期に実施した食堂での欠け茶碗の記録である（今・小澤1930）。今らは汚い茶碗や欠け茶碗を平気で使用している食堂に興味を持ち，その食堂に通って48個の茶碗の図を残している（第15図）。これを見るとヒビが入っている茶碗ならまだしも縁の多くが欠けている茶碗が用いられていたことがわかる。今は，この図に対して友人から「考古学者の石器や土器のしらべ図のようだ」と指摘されたと述べているが，まさに考古学者が興味を抱く使用時の道具の破損状況を記録したものである。

これに対し，発掘調査資料によって観察される食器の使用痕は，箸やナイフ・フォーク・スプーンなどの飲食具の使用によって生じた使用痕を研究対象とするものである。近代に限らず，一般的に発掘調査報告書の遺物観察表の中で「擦れ」や「摩耗」といった記載がなされ，食器の使用頻度や使用状況について言及することはあっても，使用によって残された細かなキズが実

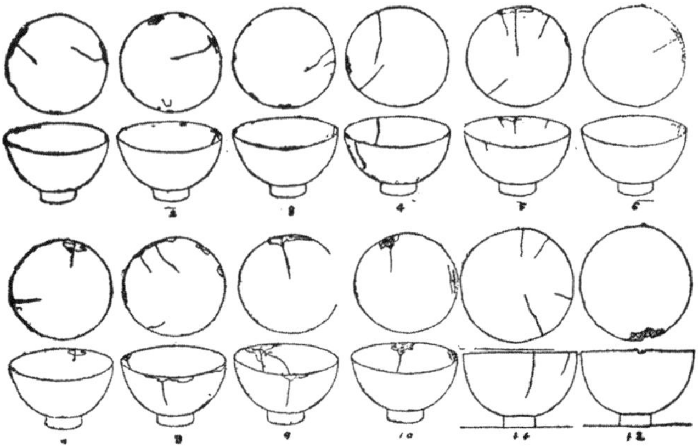

第15図　某食堂のカケ茶碗しらべ（今・小澤 1930）

測図等に詳細に表現されることはない。しかし，石器の使用痕研究と同様の方法を食器に適用することは可能であり，その観点から筆者はかつて飯茶碗を例に食器の使用痕研究の可能性について論じたことがある（桜井 2000）。そこでは近現代遺物を日常的に使用する道具として捉える場合，見逃せない問題として作法や身体性の問題を検討した。また，その中で近代の飯茶碗をとりあげ，飯茶碗の形態変化とその要因について検討し，食器と身体の問題について言及した。次に，使用痕が確認できる具体的な資料として，神奈川県逗子市池子桟敷戸遺跡出土の飯茶碗の写真を示し，その内側に箸によると思われる無数の線状痕が残されていること，線状痕は内底面にはあまりみられず，中位から下位にかけて多くみられること，その方向は多方向にわたるが斜め横方向に多くみられることから，飯茶碗を若干斜めにして箸に米飯のかたまりを乗せるという箸の動きではなく，力を入れて箸で中身をかきこむような動作が想定できることを示した。そして，近代に限らず飯茶碗をはじめとする食器の使用痕観察を行うことにより，当時の日常的飲食行為としての「箸使い」の復元だけなく，使用者の利き手や食事の作法について検討することが可能であることを指摘した。

その後，長佐古真也氏がわが国の喫茶の流れについて論じる中で近世の碗内面の使用痕（擦痕）について論じている（長佐古2002）。その中で長佐古氏は碗を振り茶と結びつける根拠の一つとして，碗の内面中央に残る円弧状ないし直線状の擦痕について分析を試みている。そこでは擦痕の状況をA〜Eの5類型および，A'，A+Bに区分している（第16図）。このうち，Aは中央付近の円弧状の長い擦痕で碗内で何かを回した痕跡，A'はその希薄な例である。Bは中央付近に不規則につく軌跡の長い擦痕で碗内で前後に攪拌したような痕跡である。Cは中央付近を中心におおむね放射状につく軌跡の短い擦痕で尖ったものでつついたような痕跡，Dはまったく不規則についた擦痕，Eはほとんど傷のつかないものである。長佐古氏はAとBが茶かこれにまつわる食習慣（茶筅擦り）によるもの，Cが食器碗，Eは点てない茶の喫茶碗あるいは使用頻度の低いもの，Dは廃棄後の傷と推定している。また，AとBが複合したもの（A+B）やAないしBとCが複合した例が多かったという。さらに長佐古氏はこれらの解釈の蓋然性を高めるため，東京都文京区真砂遺跡の出土資料の分析から，A・Bの擦痕が付く頻度が中・小碗よりも明らかに大碗で高いという分析結果を得ている[2)]。このような，碗についた擦痕の状況を観察し，類型化して使用法を推定する方法は従来の歴史考古学にはなかった視点であり，高く評価されるべき研究事例である。

本節では，これらの先行研究で行われなかった顕微鏡による使用痕観察の結果を示しながら，食器の使用痕研究の可能性を探ってみたい。

2. 事例紹介

ここでは，神奈川県三浦市ヤキバの塚遺跡出土の飯茶碗および東京都中央区明石町遺跡出土の洋皿について，実体顕微鏡を用いた使用痕観察の結果を紹介する。

(1) 神奈川県三浦市ヤキバの塚遺跡の飯茶碗

筆者らが2002（平成14）年および2003（平成15）年に発掘調査を行なった神奈川県三浦市松輪地区に所在するヤキバの塚遺跡では，多量の貝類や動物遺体，陶磁器やガラス製品などの生活財，土錘，釣針，蛸壺などの漁撈具な

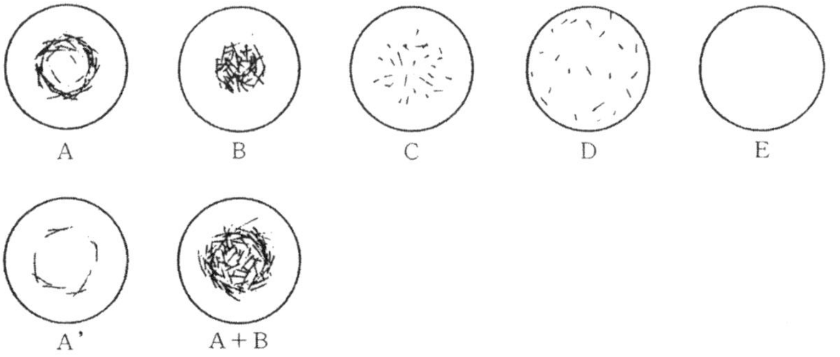

第16図　碗内底面擦痕の類型（長佐古2002）

どが出土しており，近代から現代にかけての都市近郊漁村の暮らしぶりを探る貴重な遺跡となっている（三浦の塚研究会2003）。ヤキバの塚遺跡の規模は周囲が耕作によって削られているが，現状で東西方向約20m，南北方向約15m，高さは2.5mを測る。塚の中には参道がつくられ奥に地蔵が安置されており，ここには毎年8月16日に盆の飾りが置かれる。発掘調査の結果，土層の堆積状況は比較的良好であり，塚は約90年にわたって生活財などのゴミが捨てられた結果，形成されたものであることが確認された。各層位の形成年代は，最下層の9層が明治10年代頃，6〜8層が明治20〜30年代頃，5層が明治30〜40年代頃，4層が明治末から大正頃，3層が大正から昭和初期頃，2層が昭和前期頃，1層が戦中前後，表土層が戦中〜戦後である。

塚の層位発掘により出土した資料の分析によって多くの成果が期待される。例えば，陶磁器などの近現代遺物の編年や流通に関する研究，遺物の製作年代と廃棄年代の比較検討による伝世や使用期間に関する研究などが可能である。また，生活財の変遷を検討することによって，「明かり」の変遷（灯明皿・秉燭から火屋・石油壺，電灯笠・電球へ）や「化粧」の変遷（鉄漿壺・鉄漿坏・油壺から化粧瓶へ）といった都市近郊漁村における近世的生活スタイルから近代的生活スタイルへの変化の様子を知ることができる。さらに，生業に関しても，釣針，釣糸，土錘，蛸壺などの漁撈具の分析や動物遺体の同定によって，各時期の漁撈のあり方や漁村における海産物の消費状況を明らかにすることが期待されている。

ここで紹介する資料は3c層と4層の拡張区から出土した飯茶碗（接合資料）である（第17図）。この資料は，完形資料で口径が11.5cm，高さが5.9cm，高台径が4.1cm，重量は194.8gである。形状は端反形であり（冨永2001），内外面には型紙摺り技法による絵付がなされている。文様は外側が蘇鉄文・青海波・みじん唐草・菊花文，内面は口縁内に瓔珞文，見込みに松竹梅丸文である。出土層位から廃棄年代は明治末から大正頃と考えられるが，資料の製作年代は明治20年代から30年代にかけてと推定される。

使用痕と考えられる線状痕の肉眼観察を行った結果，内面の線状痕は見込み周辺が中心で長さ2mmから10mmで3～4mmが主体をなす。直線だけでなく曲線をなすものもあり，方向は口縁に平行する方向や求心方向のものは少なく，中心に向かってやや斜め方向にみられるものが多いことがわかる。このことから，これらの線状痕は箸の使用によるものであると想定される。次に，実体顕微鏡による線状痕の観察を試みた[3)]。その結果，線状痕には幅0.04～0.2mmの幅が広く深さもあるもの（第18図①）と，幅0.001～0.04mmの幅が狭く浅いもの（第18図③）がみられることがわかった。前者については，金属製の飲食具による直線的線状痕とは異なり若干曲線を描き，細部を観察すると小さな剥離が繋がって線形を呈していることが判明した（第18図②）。また，線状痕の先に同じく箸によると思われる若干距離をおいて飛び飛びに残された痕跡も存在している。これらの線状痕の多くは箸の使用によるものと推定される。これに対し，幅が狭く浅いものについては，箸による使用痕の可能性もあるが，洗浄時のタワシ等による傷や埋没中に偶然ついた傷である可能性も高く，現時点では生成原因は特定できない。この他に径約1mmのアバタ状の敲打痕もみられた（第18図④）。おそらく箸で何回か同じ場所を突いた結果形成されたものと思われる。今後，食器の使用実験を行って比較検討してゆく必要があるが，この飯茶碗の内面には箸によってついた使用痕の可能性が高い線状痕やアバタ状の敲打痕がみられることがわかった。

第 17 図　神奈川県三浦市ヤキバの塚遺跡の飯茶碗と使用痕

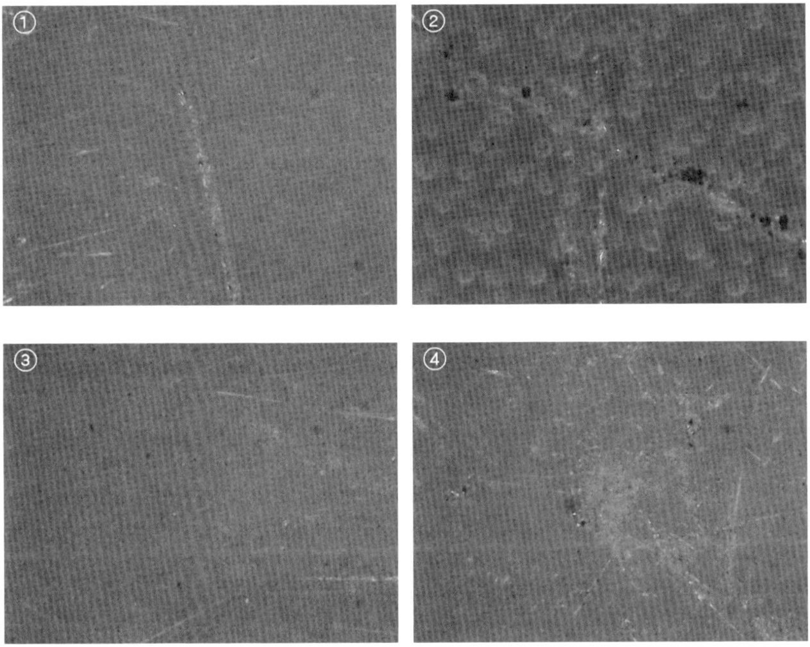

第18図　飯茶碗内面の使用痕（①, ③, ④—約10倍, ②—約40倍）

(2) 東京都中央区明石町遺跡の洋皿

東京都中央区明石町遺跡では，明治期になってわが国を訪れた外国人の居住地の発掘調査が近年行われ，多くの遺物が出土した（明石町遺跡調査会 2003）。発掘地点は現在の東京都中央区築地一丁目にあたる一帯で，江戸時代に旗本屋敷であったものが明治元年11月19日（1968年1月1日），東京開市宣言によって「築地外国人居留地」となった地点にあたる。報告書では整地工事が終了し，競貸が実施された1870（明治3）年から築地外国人居留地が廃止された1899（明治32）年までの時期を近代1期（明治6～10年前後），近代2期（明治10～1880年代），近代3期（1890年代）に細分している。本遺跡からは複数のゴミ穴（土坑）が検出されたが，このうち445遺構（土坑）が近代1期，354・396遺構（土坑）が近代2期，380遺構（土坑）が近代3期に属する。本節で紹介する洋皿が出土した445遺構は近代1期（明治6～

10年前後）に属しており，1875（明治8）年にこの土地（46番）を手に入れたサン・モール修道会が1877（明治10）年に入居した頃に居住者の転出に伴って廃棄されたとされている。本遺構の出土遺物としては，和食器（磁器）が酒杯2点，小碗12点，中碗5点，中碗蓋1点，小皿2点，五寸皿1点，段重2点，燗徳利1点，和食器（陶器）が皿2点，蒸し茶碗1点，片口1点，徳利2点，燗徳利1点，急須蓋1点，急須1点，土瓶蓋2点，土瓶4点，蓋類2点，和食器（土器）が皿1点，洋食器（磁器）がカップ1点，ソーサー1点，大皿1点，皿3点，蓋物1点，洋食器（陶器）が中壺1点（中国南部～東南アジア製？），瓶2点（イギリス・パウエル窯製），洋食器（ガラス製品）がグラス1点である。食器以外にも，磁器として戸車1点，陶器としてクレイパイプ1点，土器として焼塩壺2点，行平1点，温石1点，ガラス製品として，化粧瓶1点，酒瓶4点，サイダー瓶1点，ジンボトル1点，ワインボトル1点，骨角貝製品として，貝杓子（イタヤガイ製）1点，歯ブラシ（牛骨製）1点，鉄製品として刃物1点，フライパン1点が出土している。これらの出土資料で注目される点として，洋食器が出土している一方で外国人居留地跡から和食器も多く出土し，和洋の食器や調理具が混在している点があげられる。このように，本遺跡は当時の生活財から明治初期の外国人の暮らしぶりを探ることができる貴重な遺跡である。

ここで紹介するのは445遺構出土の洋皿である。この資料は全体の3/4程度が残存し，法量は口径27.2cm，高さ3.1cm，底径14.6cm，重量423.8gである。轆轤成形でつくられ，表面には銅版転写技法によって中央に川辺の風景と舟に乗る人物，周辺部には花柄模様が描かれている。なお，裏面の高台内にも植物模様が描かれ，その中に「Rhine」と記されている。

使用痕と考えられる線状痕の肉眼観察を行った結果，内面の線状痕は5mmから30mmで10～20mmのものが多いことがわかった（第19図）。全体に直線的なものが主体で，方向は絵柄に対して斜め方向のものが多く，同じ場所に線状痕が重なったり，間隔をおいて同方向にみられるところがある。中でも注目されるのが径6cmにわたって若干くぼんだ皿の中心部の右下に線状痕が3～4本重なっている点である。これらは明らかにナイフによる線

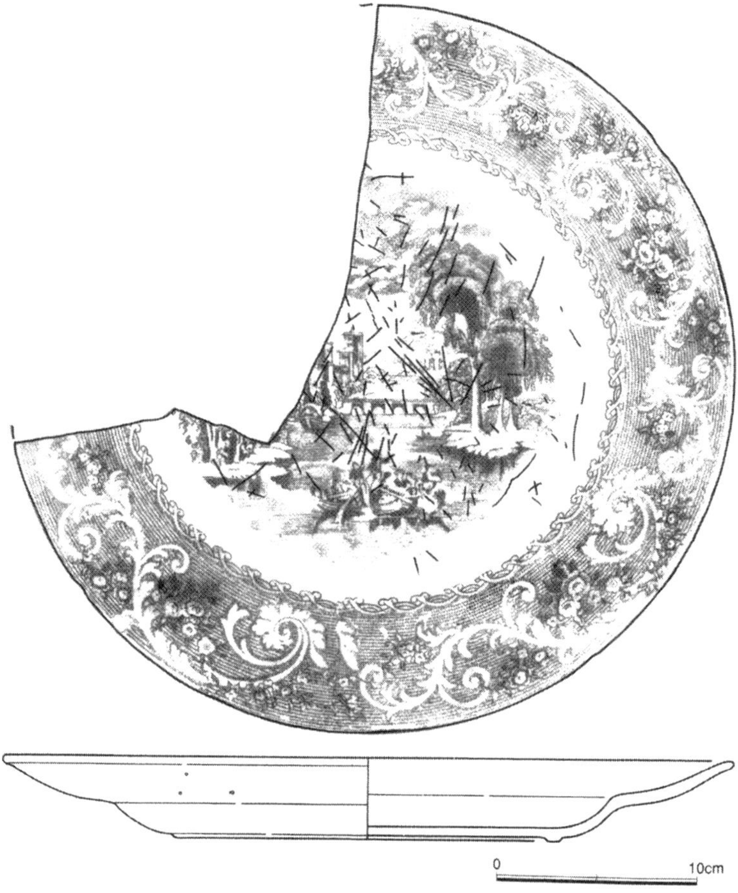

第19図　東京都中央区明石町遺跡出土の洋皿と使用痕

状痕であり，皿の絵柄を意識して配膳されたとすると，右利きの人間が皿の中心付近で斜め方向にナイフを使用していたことが覗える。次に，実体顕微鏡による線状痕の観察を試みた。その結果，線状痕にはナイフによると思われる直線で長さ10〜30mm，幅0.1〜0.4mmの幅広で深さのあるものがある（第20図①）。これには幅0.1〜0.2mmで溝のみで形成されるものと，幅0.3〜0.4mm

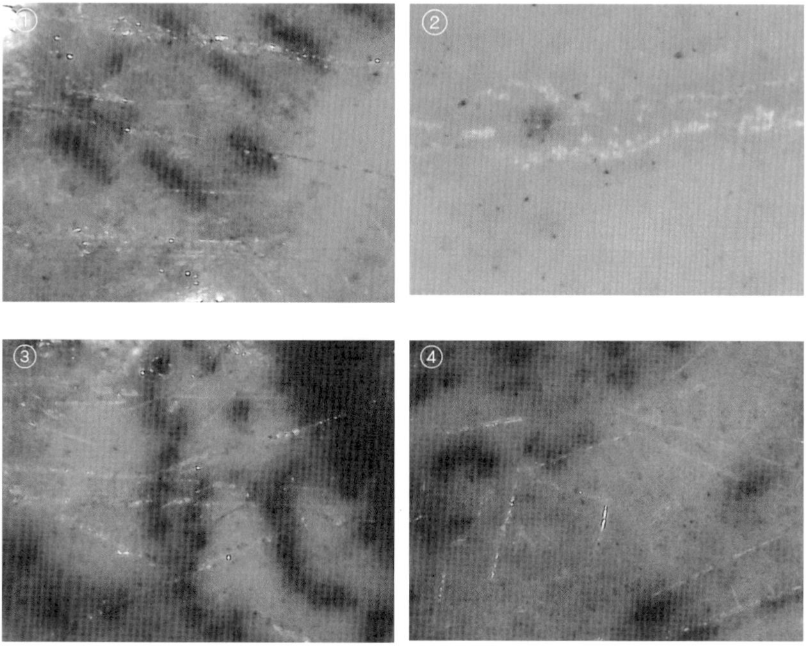

第 20 図　洋皿内面の使用痕（①，③，④—約 10 倍，②約 40 倍）

で中心の溝と両側の連続剥離痕によって構成されるもの（第 20 図②）に区別される。両者とも中心にナイフ（金属製飲食具）によるものと思われる直線の溝があるが，後者には表面が擦り切られた際に生じたと思われる剥離痕がみられる。また，長さ 1～5mm，幅 0.03～0.1mm の幅が狭く浅いものもみられる（第 20 図③・④）。直線的なものが主体を占め，金属製飲食具を引きずったような痕跡もみられることからナイフやフォークによる使用痕の可能性が高いが，洗浄中や埋没中に偶然ついた傷の可能性もあり，現時点では生成原因は特定できない。先述した飯茶碗同様に今後，使用実験によって比較検討していく必要がある。このように，明治初期に築地外国人居留地で使用されたと推定される洋皿の内面には明瞭な線状痕がみられ，その方向や顕微鏡観察の結果からその一部はナイフによってついた使用痕である可能性が高いと推定された。

(3) 小結

今回は2例を検討したのみであったが，実体顕微鏡による使用痕観察の結果，食器の使用痕には幅も深さもある肉眼でも観察可能な線状痕と幅が狭く浅い線状痕に大まかに区別できることがわかった。このうち，幅や深さのある明瞭な線状痕については，その長さや形状から箸によると推定されるものとナイフによると推定されるものに区別できる。前者の場合は2mmから10mmの長さで3〜4mmが主体をなし，若干屈曲するものが多く，方向は飯茶碗の口縁に平行する方向や求心方向ではなく，中心に向かってやや斜め方向に多くみられる。また，顕微鏡観察の結果，小剥離が繋がった状態であることがわかった。後者の場合は5mmから30mmの長さで10〜20mmのものが中心で，ほぼ直線であることが特徴である。方向は絵柄に対して斜め方向のものが目立ち，重なったり集中する部分がみられる。これに対し，幅が狭く浅い線状痕については，箸やナイフ・フォークによる使用痕の可能性もあるが，洗浄中や埋没中に偶然ついた傷である可能性も高く，今後様々な使用実験を行って判断していく必要がある。

それでは，このような線状痕の分析は使用した飲食具の種類（箸・ナイフ・フォークなど）を特定することのみに有効なのであろうか。食器の使用痕分析によって，食事に使用した飲食具を特定するだけでなく，当時の食事動作を復元することが可能になるが，右利きや左利きという利き腕や使用頻度の問題も検討可能である。さらには使用食器と飲食具との関係についても検討が可能である。例えば，一般的に和食器は箸を用いて和食，洋食器はナイフ・フォークを用いて洋食に使用されるという前提があるが，現在の我々も日常的な食事において必ずしもこの決まりを守っている訳ではない。このことは，洋皿が出土していたからといって洋食が食べられていた，逆に和皿が出土していたから和食が食べられていたとは限らないことも意味する。実際，外国人居留地の明石町遺跡の455遺構からは和食器が多く出土しているが，これを何らかの理由によって混在してしまった結果と捉えるのではなく，外国人が和食器を用いていたことも十分想定できる[4)]。つまり，食器の使用痕観察によって，当時の食器の流用のあり方が浮き彫りになるのである。

ただし，これらの解釈に至るまでに地道な研究の積み重ねが必要とされることも事実である。その一つは使用実験であり，素材や形状など食器の物理的特性や飲食具の素材など様々な状況を想定した実験が必要である。その結果，食器の使用痕分析が近代の食生活を復元するために有効な方法であることが示されるのである。

3. 展望—食事の動作と作法の復元に向けて—

このように，食器の使用痕分析によって当時の食事に関する貴重な情報を得ることができるが，既に述べたようにそれは使用された飲食具を特定することに限ったものではない。食器に残された使用痕は食事の動作を反映するものであり，当時の食事作法のあり方を実証的に究明する契機となるのである。そのためには，明治以降盛んに出版された作法書や礼法書（熊倉 1984・1999a・b）の記述と比較検討してゆく必要がある。例えば，食事の作法で家庭でよく注意されるのは「箸使い」であるが，一般的に嫌い箸として「渡し箸（拾い箸）」，「寄せ箸」，「迷い箸」，「にぎり箸」，「さぐり箸」，「渡し箸」，「移り箸」，「刺し箸」，「横箸（もぎ箸）」，「ねぶり箸」が示されている（小笠原 1996）。また，飯茶碗の持ち方については，『皇民禮法精典』（国民禮法振興会（編）1942）によると以下の 4 つが示されている（第 21 図）。

（イ）4 本の指を揃え糸底に当て，親指を軽く縁にかける方法。奇麗に見えるため婦人に適当
（ロ）中指と薬指との間に糸底を挟み，親指を軽く縁にかける
（ハ）中指を糸底に入れ，親指は軽く縁にかける
（ニ）5 本の指を底の方からかけて持つもの

このうち，（イ）・（ロ）のように，高台を 4 本の指の上に載せ親指を縁にかける，あるいは高台を指で挟みながら全体を指で支え親指を縁にかけるといった作法が正しいとされ，（ニ）のように飯茶碗を 5 本の指あるいは手のひら全体で包むあるいは握るという持ち方は見苦しいとされている。この持

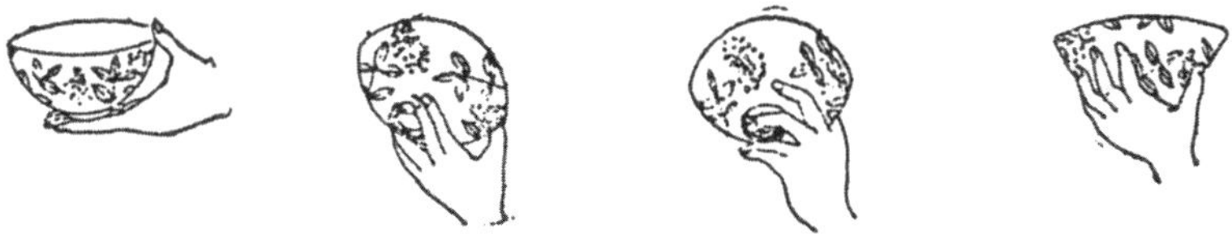

（イ）　（ロ）　（ハ）　（ニ）

第21図　飯茶碗の持ち方（国民禮法振興会（編）1942）

ち方は，飯茶碗を下から手のひら全体で覆うことから下品であるとされているだけではなく，飯茶碗を口元に近づけて湯漬けなどをかきこむ動作につながるものであったと推定される。逆に，手のひらと飯茶碗との接触面が小さいものが上品で「奇麗」とされていたようであるが，これは白米を箸で持ち上げて口に運ぶ動作が前提となっているようである。こうした飯茶碗の持ち方の作法は当時の作法書に記載されているが，このような作法が当時のすべての階層に浸透していたというわけではない。近代においては，都市部と農村部，あるいは階層などによって飲食に伴う動作が異なっていたことが想定される。ただし，この問題は単に作法の浸透の問題だけでなく，食事内容が関わっていることが考えられる。当時の主食は都市部こそ白米が中心であったが，農村部では粘り気がなく冷めるとボロボロになる麦や粟などの雑穀や芋粥，「カテ」と呼ばれた大根などの増量材を炊き込んだ飯をかきこんでいた。神崎宣武は，かつては飯茶碗をしっかり手に持って口まで運び，口につけて飯をかきこんでいたものが，一口分の飯のかたまりを箸ではさんで口に運ぶ動作へと変化したとしている（神崎1996）。それに伴って飯茶碗の持ち方も手のひらで包む持ち方から指で支える持ち方へと変化し，食事の作法として定着していったと考えられる。

西洋料理の食事作法についても当時の多くの作法書に記されている。例えば，当時の一般家庭に普及していた『家庭作法寶典』（主婦之友社1934）を検討すると，前菜，スープ，パン，魚料理，ロースト・ステーキ類，野菜料理の食べ方，フィンガーボールの扱い方，ナイフ・フォークの取り方・置き方

第22図　食事の作法（相島 1935）

（食事中，食べ終わり）などが順にとりあげられ，食材別の扱い方も説明されている。また，これらの中に今回の使用痕観察に関わる興味深い記載がある。それはロースト・ステーキ類の食べ方の中に「…食指をナイフとフォークの背にあてゝ持ち，フォークで肉を押へ，ナイフを向うから手前にひくやうにして切ります。…」（416頁）と記述されている点である。西洋の食事マナーでは肉類は引いて切るのではなく，ナイフで「押し切る」動作が通常であり，この説明は包丁に慣れた日本人の動作を反映している可能性がある。また，このことは食事の姿勢にも反映されると考えられる。第22図は洋食の作法が簡略に図示されたものであるが（相島 1935），この中の肉類の食べ方にみられるように，本来両脇を締めて右手に持ったナイフを斜め45°の方向に動かす姿勢が要求される。今回検討した外国人が使用したと思われる明石町遺跡の洋皿に残されたナイフの使用痕の方向はこれとほぼ一致している。しかし，ナイフの扱いに慣れていない日本人の場合，左脇をあけ右脇を締めてナイフを包丁のように身体と直角方向に動かし「引き切る」という日本風の動作が西洋料理の際にも無意識に出てしまった可能性がある。これについては今後日本人の使用した洋皿で検討してみる必要がある。

このような当時の食事の動作や作法に関する情報は，作法書の他にも稀に映像資料などで窺い知ることはできるものの，箸やナイフの動きなどの食事の際の実際の動作や作法を具体的に検討する方法は存在しなかった。しかし，既に述べたように発掘資料や伝世資料の食器の使用痕を観察・分析することによって実証的に当時の動作や作法について検討することが可能になる。

従来の歴史考古学における遺物研究は，素材や器種ごとの組成を把握したうえで遺物の産地や製作年代について検討することが基本的な研究の道筋となっている。しかし，今回検討したような食器の使用痕分析を行うことは，先史考古学の方法を新しい時代に積極的に適用することにより，従来注目されなかった近代生活における動作や作法の問題について検討する契機を与えてくれる。このような新たな視点で研究を展開してゆくことによって，近現代考古学の可能性を広げることになるのである。

註

1) 佐原 真氏は飲食にかかわる容器や道具を調理容器，食器，卓膳具に区分している（佐原 1983）。このうち，調理容器は鍋や釜などの煮炊き容器とすり鉢などの調製容器，卓膳具は食卓・膳・折敷などであり，食器は飲食容器（食事に際して飲食に使う容器）である飯茶碗・汁碗・湯呑茶碗・皿・鉢その他，飲食具（飲食物をとりわけたり，かきまぜたり，口に運ぶ道具）である箸・フォーク・匙・ナイフその他，清浄器具であるフィンガーボール・盃洗・爪楊子・ナプキン・ナプキン＝リングその他に区分している。

2) 大碗では擦痕A・Bがつく資料が肥前産陶胎染付碗で75%，瀬戸美濃産灰釉丸碗で80%を占める。これに対し，中碗では擦痕Cがつく資料が圧倒的に多く，A・BあるいはCとA・Bが複合するものが20～40%の比率である。

3) 実体顕微鏡（デジタル顕微鏡）は，scalar社の「USB Microscope M2」（×50，×200）を使用した。

4) 今回は提示しなかったが，和食器の小皿（報告書第4-19図の21）にはナイフやフォークなどの金属性飲食具によると思われる線状痕が認められた。

第2章　現代社会の中の遺物と民具

第1節　考古系造形物の世界

はじめに

全国の史跡や遺跡公園を訪れると史跡や遺跡に関連する様々な造形物を目にする。その中でも古くから存在するのが記念碑であろう。記念とは「後の世に思い出を残しておくこと」を意味するため，記念碑は硬く耐久性のある石や青銅(ブロンズ)などで製作されることが多いが，考古学の研究対象となっている記念碑の多くは石造物である。『石造文化財への招待』（坂詰（監修）・石造文化財調査研究所（編）2011）によれば石造物文化財には信仰にかかわる石造物，建築にかかわる石造物，交通にかかわる石造物，城郭にかかわる石造物，生活にかかわる石造物がある。このうち信仰にかかわる石造物には塔婆（層塔，宝・多宝塔，五輪塔，宝篋印塔，無縫塔，板碑など），仏像・石経（仏足石，磨崖仏，石棺仏，仁王，石仏，礫石経など），碑（石碑，諸碑，忠魂碑・忠霊塔，亀趺碑，庚申塔，月待塔，結界石，葷酒碑），その他（鳥居，狛犬，水盤，燈籠，力石）があり，記念碑は顕彰碑，供養碑，歌碑・句碑などとともに諸碑に分類されている。遺跡の記念碑は碑文に刻まれた内容，すなわち建立の目的や経緯，建立した団体や個人，建立された時期などから，その当時の遺跡の評価や遺跡をめぐる人間関係などについて知ることができる貴重な資料である。

これに対して，碑文が刻まれている記念碑とは異なり，特定の遺物や遺構をモチーフにしている造形物も世の中には数多く存在する。また，それは博物館や遺跡公園に限ったものではなく，普段何気なく歩いている街の中にも遺物や遺構をモチーフにした造形物が存在している。本節では，これら野外にある遺物や遺構をモチーフにした造形物を「考古系造形物」[1]と呼称することとし，以下で筆者の管見に触れた事例を紹介しながら，その社会的意味について若干考察してみたい。

1．様々な考古系造形物

(1) 公共性の高い考古系造形物

まずは，公共性が高いと思われる考古系造形物を紹介してみたい。なお，ここでは発掘調査の成果によって復元された住居や建物などの造形物は含んでいない。

記念碑

考古系の記念碑（モニュメント）には石材に碑文のみが刻まれた石碑だけでなく，石碑に出土遺物のレプリカなどが付随している記念碑も古くから存在する。例えば，前述の『石造文化財への招待』（坂詰（監修）・石造文化財調査研究所（編）2011）には記念碑の事例として東京都の大森貝塚に関連する「大森貝塚碑」（1929）と「大森介墟碑」（1930）が建立の経緯とともに紹介されているが，このうち「大森貝塚碑」には出土した縄文土器のレプリカ（加曾利B式土器）が載せられている。また，一般の人々にとって馴染み深い大森貝塚の記念碑は，JR大森駅のプラットホームに設置された「大森貝塚記念碑」である。この記念碑は1979（昭和54）年に大森貝塚発掘百周年を記念して大森ロータリークラブ，大森ライオンズクラブ，大森貝塚保存会によって建立されたものであり，片面に「日本考古学発祥の地」と刻まれ，出土した縄文土器のレプリカ（加曾利B式土器）が載せられている（写真37）。

同様の事例として新潟県長岡市のJR長岡駅にある同市内の馬高遺跡から出土した2つの火焔土器の記念碑がある。一つは駅前ロータリーにある長岡ロータリークラブが設置したもの（写真38），もう一つは駅構内（新幹線乗り場）にある長岡悠久ライオンズクラブが1987（昭和62）年にクラブ認証25周年を記念して設置したものである（写真39）。このうち後者の記念碑は床面に敷かれた礫の上に火焔土器が設置されるなど凝った造りであり，内部の銅板

写真41　ホテルのピラミッドとスフィンクス（アメリカ・ラスベガス：Holtorf 2005）

写真42　東京ディズニーシーのピラミッド（千葉県浦安市）

駅　舎

バブル末期の竹下内閣によって全国の市町村に一億円を支給した「ふるさと創生一億円事業」によって建造された考古系造形物が青森県つがる市にある木造駅の駅舎である（写真44）。同市の亀ヶ岡遺跡出土の遮光器土偶が駅

写真 43　滝野霊園のモアイ像（札幌市南区）

写真44　木造駅舎（青森県つがる市）

舎の正面に貼りついた特異なデザインで，愛称は「しゃこちゃん」である。列車到着時には目が光るが，駅員に頼めば到着時でなくとも光らせてくれる。

写真45　くれふしの里古墳公園のはに丸タワー（茨城県水戸市）

マニア系雑誌『ワンダーJAPAN』（三才ブックス 2009）に紹介されているが，旅行ガイドブックや地元の観光パンフレットなどにも度々登場している。

展望台

茨城県水戸市のくれふしの里古墳公園[3]に所在するのが「はに丸タワー」である（写真45）。高さ17.3mの展望台で杉崎地区の古墳群から出土した埴輪（腰に手をあてた人物埴輪）をもとに作られたとされている。内部には「希望のはにわ」，「メロディーサウンド」，「サウンドパイプ」といった施設があるが基本的には展望台であり，階段を上ると埴輪の頭の上に出ることができ，前方にある前方後円墳（17号墳）が一望できる。1998（平成10年）に（財）日本宝くじ協会によって寄贈されたものであり，こちらも雑誌『ワンダーJAPAN』（三才ブックス 2008）に紹介されている。

休憩所・トイレ

わが国の遺跡公園や考古博物館などの敷地内には古墳や竪穴住居などの遺構を模した施設が多くみられる。例えば，前述のくれふしの里古墳公園内に

写真 46　くれふしの里古墳公園の休憩所（茨城県水戸市）

屋根が前方後円墳形の休憩所（東屋）が存在するが（写真 46），この他にも遺跡公園には竪穴住居を模したトイレなどがみられる。

車止め

青森市内の商店街には市内の三内丸山遺跡出土の大型板状土偶の車止めがある（写真 47）。この土偶は三内丸山遺跡のマスコットキャラクターである「さんまる」のモデルになったものであり，三内丸山遺跡を代表する出土遺物である。このように，さりげないところに地元出土の遺物がデザインされている点は興味深い。

マンホールの蓋

日本各地の自然や歴史・文化，観光地や特産品がデザインされたデザインマンホール蓋は，1977（昭和 52）年に沖縄県那覇市で誕生した。近年，デザインマンホール蓋の路上採集やマンホールカードの収集がブームとなっており，マンホール愛好家（マンホーラー）が集結するマンホールサミットが 2016（平成 26）年より開催されている。マンホール蓋はカテゴリー（テーマ）によって分類されるが，その中には出土遺物や遺跡など考古系のマンホール蓋も多く含まれている。実際に池上修・池上和子氏の著作には，縄文土偶のカテゴリーとして青森県つがる市の遮光器土偶，山形県舟形町の縄文の女神，

写真 47　商店街の車止め（青森市内）

長野県茅野市の縄文のビーナスと仮面土偶，出土品のカテゴリーとして奈良県天理市の三角縁神獣鏡，青森県田舎館村の田舎館式土器，千葉県芝山町の馬型埴輪，群馬県伊勢崎市の家型埴輪，鳥取県湯梨浜町の甲冑埴輪，島根県松江市の勾玉，島根県出雲市の銅鐸，遺跡のカテゴリーとして埼玉県吉見町の吉見百穴，奈良県田原本町の唐古・鍵遺跡，大阪府和泉市の池上曽根遺跡（銅鐸の文様），佐賀県吉野ヶ里町の吉野ヶ里遺跡（写真 48）が紹介されている（池上修・池上和 2018）。これらのマンホールの蓋は出土遺物や復元建物をそのままわかりやすくデザインされたものがほとんどであるが，大阪府藤井寺市のように前方後円墳がデザインの一部に組み込まれたマンホールの蓋もある（写真 49）。

(2) 私事性（パーソナル性）の高い考古系造形物

次に，私事性すなわちパーソナル性が高いと思われる考古系造形物を紹介してみたい。

写真48　マンホール蓋（佐賀県吉野ヶ里町）

写真 49　マンホール蓋（大阪府藤井寺市）

商業ビル・オフィスビル

遺跡をモチーフにした建築物と言えば，フランスのルーヴル美術館前のピラミッドが有名であるが，博物館や美術館あるいは遺跡公園などに存在する建築物ではなく，街の商業ビルに遺跡の要素が取り入れられている事例がある。その事例の一つが東京都港区六本木にある商業ビルであり，「ピラミデビル」と呼ばれるこのビルにはその名称の通りピラミッドをモチーフとしたと思われる部分がいくつかある（写真 50）。この商業ビルにはテナントとしてイタリアンレストランなどが入っているが，「ピラミデビル」という名称の由来やこのようなビルを建設した理由などの詳細は不明である。また，東京都江戸川区中葛西にある株式会社 N 商会（物流会社）の本社ビル正面玄関にはエジプトのオベリスクをモチーフとした石柱が建っている（写真 51）。この石柱はコンクリート製で 2009（平成 21）年の本社ビル落成時に社長が設置したものである。その表面にはヒエログリフで「スランプ 12，ニュートン 45」と刻んであるが，それらはこのビルに使用されたコンクリートの強度を表している。このうち，スランプは硬さの単位で通常の建築では 15～18 で数字が小さいほど水分が少なく硬く，ニュートンは圧縮に対する強度で 36 以上が強強度とされており，このビルは通常のビルの 3 倍の耐久性がある。大事なお客様の荷物を預かる仕事であること，そして社員が安全に働

写真50　ピラミデビル(東京都港区)

写真51　オフィスビルのオベリスク(東京都江戸川区)

けるようにという社長の願いが込められているという[4]。

住居・店舗

住宅地に竪穴住居など古代の建築物を模して建設された住居の事例に遭遇したことはないが，住宅地に城郭を模した住居や店舗が建設される事例は全国的にみられる。ここで住居兼店舗として紹介するのは埼玉県ふじみ野市にある有山城であるが，この城は1970年代のオイルショックの頃に地元上福岡に住むA氏によって建設された(写真52)。鉄筋コンクリート製で1階は商店と飲食店，2～4階が自宅と賃貸マンションや貸スタジオがあり，5階の屋上に天守閣がある。建設した人物は元市議で城郭マニアではなく，当時は法律による上部の建物制限があったため，いっそのこと天守閣にしたという(石橋 2016)。このように，以前にその地域に存在していた城郭をモデルにしたものではなく，個人が城郭を模した住居や店舗を建設することは意外に多いが，見た目のわかりやすさとは異なり建設した理由は様々であるため，聞き取り調査が必要になる。

墓石

考古学者の墓石の表面に遺物の図像が刻まれた事例として，筆者の恩師で

写真52　有山城（埼玉県ふじみ野市）

写真53　墓石（神奈川県横浜市）

ある鈴木公雄先生の墓石を紹介する。所在地は横浜市内の霊園内であるが，墓石の左右の花立に貝殻が描かれている（写真53）。モチーフとなったのは大森貝塚の報告書（近藤・佐原1983）の図版（PLATE XⅧ）に掲載されているバイであるが，このデザインに決定したのは鈴木先生ご自身である。残念ながら生前にその理由を尋ねることはできなかったが，先生は縄文土器研究や出土銭貨研究とともにわが国の貝塚研究においても大きな業績を残されており，著書である『貝塚の考古学』（鈴木1989）の表紙カバーにこの大森貝塚の報告書図版が使用されている。

2. 考古系造形物の位置づけ

以上紹介したように，わが国の考古系造形物には様々なタイプがあるが，これらの造形物は遺跡や遺物と現代社会の関係を考えるうえで興味深いものである。ここでは既に紹介した考古系造形物の性格について考えるため，縦軸に「公共性⇔私事性（パーソナル性）」，横軸に「象徴性⇔機能性（モニュメント以外の機能）」を設定して図式化を試みた（第23図）。ここで，第Ⅰ象限は公共性が高く象徴性も高い造形物，第Ⅱ象限は公共性が高くモニュメント以外の機能を伴う造形物，第Ⅲ象限は私事性（パーソナル性）が高くモニュメント以外の機能を伴う造形物，第Ⅳ象限は私事性（パーソナル性）が高く象徴性も高い造形物ということになる。

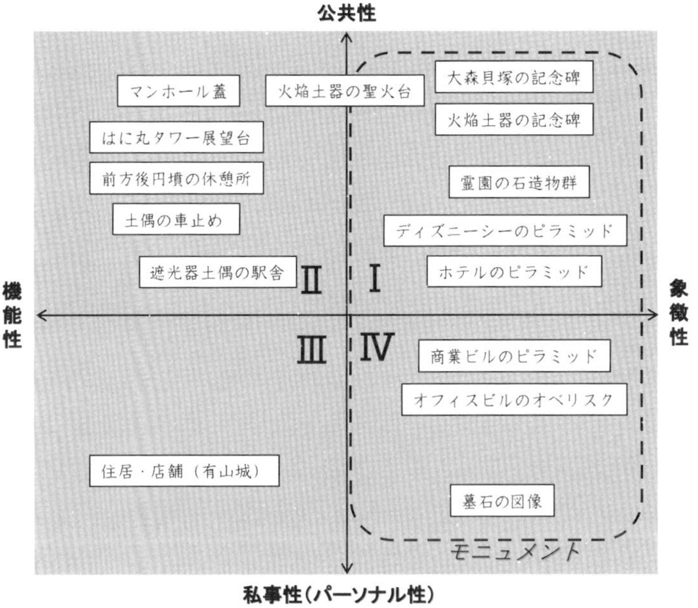

第23図　考古系造形物の位置付け

まず，第Ⅰ象限に位置付けられる造形物が「大森貝塚の記念碑」，「火焔土器の記念碑」，「霊園の石造物群」，「ディズニーシーのピラミッド」，「ホテルのピラミッド」であるが，その中でも純粋に遺跡や遺物のモニュメント（記念碑）として位置付けられる造形物が「大森貝塚の記念碑」および「火焔土器の記念碑」である。その他の造形物は公共性は高いが民間企業による営利活動の一環として造られたモニュメント（記念碑）である。なお，第Ⅰ象限とⅡ象限の中間に位置付けられる「火焔土器の聖火台」については公共性は高いが単なるモニュメント（記念碑）ではなく聖火台としての機能も有していることからこの位置づけとなる。

次に，第Ⅱ象限に位置付けられる造形物が「マンホール蓋」，「はに丸タワー展望台」，「前方後円墳の休憩所」，「土偶の車止め」，「遮光器土偶の駅舎」である。公園などで使用される公共の施設が主体であるが，「遮光器土偶の駅舎」

は民間の駅舎であり列車到着時に目が光るという機能も有している。第Ⅲ象限に位置付けられる造形物が「住居・店舗（有山城）」である。自宅を城郭風に建設したものであり，住宅・店舗などいくつかの機能を有しているが，基本的には私事性（パーソナル性）の高い造形物である。最後に，第Ⅳ象限の造形物が「商業ビルのピラミッド」，「オフィスビルのオベリスク」，「墓石の図像」であるが，これらはすべてモニュメント（記念碑）としての性格を持っている。このうち，「商業ビルのピラミッド」，「オフィスビルのオベリスク」は設置した人物のこだわりが垣間見られる造形物であり，私事性（パーソナル性）の高いモニュメント（記念物）として位置付けることができる。また，故人の意志が反映された「墓石の図像」についてはさらに私事性（パーソナル性）の高いモニュメント（記念物）であるといえる。

この図を概観すると，考古系造形物は公共性の高いものが中心となっていることがわかる。公共性の高い考古系造形物は，遺跡や遺物のモニュメント（記念碑），民間企業による営利事業の一環で造られたモニュメント（霊園の石造物群・ディズニーシーのピラミッド・ホテルのピラミッド）と，他の機能（聖火台・マンホール・展望台・休憩所・車止め・駅舎）を有する公共の造形物に区分することができる。このうち，他の機能を有する公共の造形物にはその地域を代表する遺跡・遺物のモチーフが採用されているのに対し，民間企業が経営する霊園・アミューズメント施設・ホテルにはピラミッドなど世界的に著名な遺跡の造形物が造られているが，これは商業ビル・オフィスビルといったやや私事性の高い一群も同様である。

さらに，これらの考古系造形物はその地に造られる必然性が高い一群（地域密着型）とその地に造られる必然性がみられない一群（非地域密着型）に区分することも可能である。このうち地域密着型の造形物には遺跡に建立された記念碑と地元の遺跡に関わる遺物や遺構がモチーフになった造形物があるが，これらは地元の埋蔵文化財に親しみ，理解を深める普及活動の一環として捉えられるとともに，それらを通じて地域アイデンティティの形成に寄与するものである（櫻井 2014a）。また，「はに丸タワー」や「遮光器土偶の駅舎」のような巨大造形物は，マニア系の雑誌や観光ガイドブック・パンフレットなどに掲載され，これを見るために現地を訪れる人も多く，観光振興の役割も果たしている。これに対し，非地域密着型の造形物については，それらが演出のための造形物であるアミューズメント施設を除けば，本来その地に造られるべきものでない場違いな造形物である。しかしながら，誰でも知っている「大型」で「場違い」な造形物が見るものに強烈な印象を与えることも事実であり，その影響力を無視できないことを認識すべきである。

おわりに

普段は気付かないが，わが国には多様な考古系造形物が存在している。これらは遺跡や考古学と現代社会の関係を考える上で興味深いものであるが，わが国の考古学において今まで注目されることはなかった。しかし，こうした考古系造形物はサブカルチャーの世界では雑誌やインターネット上で頻繁に取り上げられている。また，わが国では2000年代後半頃から主に若い女性を中心に歴史や遺跡を題材とした流行現象（歴女，仏女，城ガール，刀剣ガール，古墳女子など）が起こっており，歴史や遺跡を題材としたポピュラー音楽も出現している（櫻井2015）。こうした現象をポピュラー・カルチャーやサブカルチャーの世界に封印することなく，考古学側からも積極的に接点を求めていく必要があろう。

註

1）今回分析対象としたのは，遺構や遺物を模した造形物の中でも簡単に移動が難しい「不動産」にあたるものであり，遺物のレプリカや遺跡・遺物関連グッズ（まりこふん2014a・b）などの「動産」は含んでいないが，当然のことながらこれらのグッズも考古学と現代社会の関係を考えるための重要な研究資料となる。

2）写真は同年秋の東京オリンピックの聖火を迎えた際に被害が残る競技場の様子を撮影したものである（『朝日新聞』2015年11月21日夕刊の記事）。

3）くれふしの里古墳公園は，前方後円墳6基，帆立貝形前方後円墳1基，円墳9基で構成される牛伏古墳群が整備された公園である。

4）佐久間季氏の聞き取りによる。

第2節　民具と現代社会

はじめに

21世紀を迎えた現在，我々の生活は大きく変貌した。それを象徴するのが物質文化であり，新しい製品が次々と発売されることにより現代人はモノに囲まれた生活を送っている。こうしたなか民具学という学問分野がある。民具学で研究対象となる「民具」という言葉はアチック・ミューゼアムを主宰した渋沢敬三が案出したもので，渋沢がそれまでの「土俗品」という表現を好まなかったためとされている（近藤2002）。一般に民具は，庶民が昔から使っていた日常的な生活用具で，自製を原則とし，流通しないものと考えられるが，生活用具だけでなく生産用具も量販店で購入する現代社会において，民具は以前とは大きく様変わりした。その一つが民具に使用される木や竹がプラスチックに変わる素材の変化であり，それに伴って生産技術が機械化され工業製品として大量生産が可能になった。この点について，岩井宏實は「すなわち材料が何であるか。また手作りであるか否かは，資源材料，生産構造，流通機構，社会形態の差異からくることであって，民具にとって本質的なものではないと，割り切って理解する必要がある」（岩井1989）と述べている。

このように，時代に伴って民具は変化したが，民具は消滅し過去の遺物となったわけではない。生活用具である民具は使用される素材を変えながら，あるいは特定の場や時期（例えば正月）に限定されながらも生き残ってきた。そして，民具はその多くが日常的に使用される生活用具ではなく過去の生活や文化を象徴するモノとなった。しかし，現代社会において民具がどの程度認知されているか，また現代人はどのようにして民具の知識を得るかに関する調査はほとんど実施されていないというのが現状である。そこで本節では，都内の大学生に対して筆者が実施した民具知識や使用経験に関する調査の結果について報告しながら，現代社会と民具との関係の一端を明らかにしてみたい。

1．調査の概要

調査は筆者が担当した2005（平成7）年度および2006（平成8）年度の慶應義塾大学の日吉キャンパスでの教養科目の講義（『文化人類学』）と，2006（平成8）年度および2007（平成9）年度の大妻女子大学の千代田キャンパスでの教養科目の講義（『地域文化論』）において実施した。慶應義塾大学の講義の履修者は，文学部（1年生）と経済学部（1・2年生）が主体で他に法学部（政治学科・法律学科），医学部，総合政策学部の学生が一部含まれていた。有効回答者数は2年間で224名である。これに対し，大妻女子大学の講義履修者は家政学部の被服学科，食物学科，食物管理学科，児童学科，児童教育学科，文学部のライフデザイン学科，日本文学学科，英文学科，コミュニティー学科の学生ですべて2年生であった。有効回答者数は2年間で199名である。

調査は図示した50個の民具に対して別紙の「名称」，「使用方法」，「使用経験」，「何で知ったか」という設問に答えてもらうものである。解答時間は40分程度である。なお，設問に使用した民具は一般家庭に電化製品が普及する以前の日本（明治時代末期から戦後にかけて）のどの家庭にもあった民具（生活用具）を選択した。すなわち，これらの民具は電気やガスを使用しない日常生活用具ということになる。また，その他に「出身県」（幼児期から小学校低学年頃に住んでいた都道府県），さらに今回はデータとして使用しなかったが「父親の出身県」，「母親の出身県」の記入欄も設けた。今回設問に使用した50の民具は以下の通りである。

1．羽釜（はがま）・かま・おかま　2．鍋（なべ）・鉄鍋（てつなべ）・おなべ　3．擂鉢（すりばち）　4．焙烙（ほうろく）　5　笊（ざる）6．飯櫃（めしびつ）・おひつ　7．臼（うす）と杵（きね）　8．石臼（いしうす）　9．蒸籠（せいろ）　10．鰹節削り（かつおぶしけずり）　11．重箱（じゅうばこ）・おじゅう　12．めんぱ・曲げわっぱ（まげわっぱ）　13．行李（こうり）　14．七輪・七厘（しちりん）　15．膳（ぜん）・おぜん　16．箱膳（はこぜん）　17．卓袱台（ちゃぶだい）　18．蝿帳（はいちょう）　19．氷冷蔵庫（こおりれいぞうこ）・冷蔵庫（れいぞうこ）　20．茶箪笥　（ちゃだんす）・水屋（みずや） 21. 水甕（みずがめ） 22. 柄杓（ひしゃく） 23. 手桶（ておけ）・桶（おけ） 24. 岡持ち（おかもち） 25. 樽（たる） 26. 角樽（つのだる） 27. 火鉢（ひばち） 28. 囲炉裏（いろり） 29. 自在鉤（じざいかぎ） 30. 長火鉢（ながひばち） 31. 手あぶり（てあぶり） 32. 竈（かまど）・へっつい・くど 33. 火消し壺（ひけしつぼ） 34. 十能（じゅうのう） 35. 長持ち（ながもち） 36. 提灯（ちょうちん） 37. 行灯（あんどん） 38. 灯台（とうだい） 39. 燭台（しょくだい） 40. 箒（ほうき） 41. 叩き（はたき） 42. 塵取り（ちりとり） 43. 踏み台（ふみだい） 44. ゴミ箱（ごみばこ） 45. 熊手（くまで） 46. 箪笥（たんす） 47. 櫓炬燵（やぐらこたつ）・炬燵（こたつ） 48. 炭取り（すみとり） 49. 湯たんぽ（ゆたんぽ） 50. 蚊帳（かや）

2. 調査結果

(1) 全体傾向

民具名称

慶應義塾大学での民具名称の正答数は 50 問中最低 3 個，最高 31 個，平均 17.5 個であった。正答数のグラフをみると 7～8 個まで緩やかに増加していたものが 9～10 個から急に増加し，17～18 個でピークとなり，その後 25～26 個で急激に減少し，その後は 27～28 個で若干増加したのち緩やかに減少している（第 24 図：太線）。これに対し，大妻女子大学での正答数は最低 4 個，最高 29 個で平均 17.1 個である。正答数のグラフをみると 7～8 個まで緩やかに増加しているがその後急に増加し，15～22 個でピークとなった後，25～26 個で急激に減少し，その後は緩やかに減少している（第 24 図：細線）。正答数の平均値では慶應義塾大学の学生が若干高いが，他の調査年においても平均値は 17 個程度であり，都内の大学に通う大学生は今回設問した 50 民具のうち 17 民具，すなわち全体の 3 分の 1 程度の民具名称を知っていることになる。

次に，民具ごとの正答率について分析を試みたい。ここでは正答率で民具を 3 つのグループに分けて検討する。まず，正答率が 50％以上の民具とし

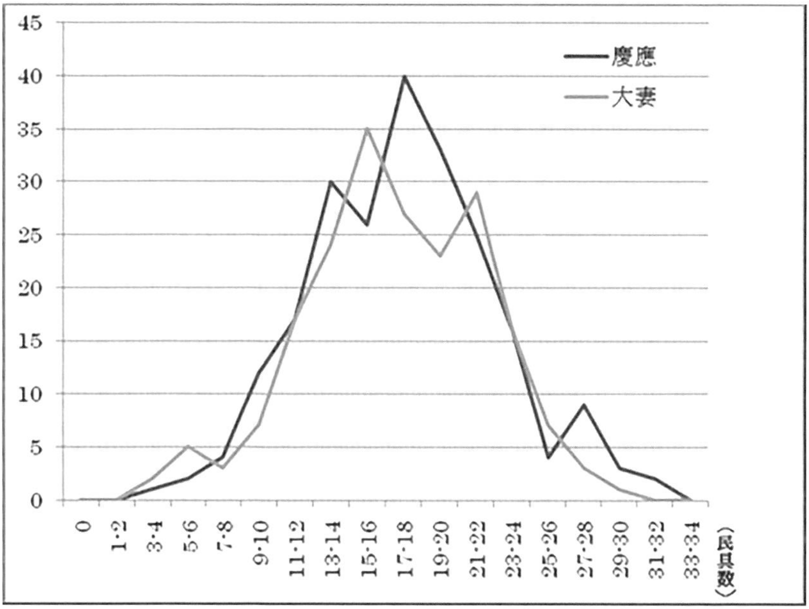

第24図　民具名称の正答数（一人あたり）

て「箒」（40）の 94.8%,「提灯」（36）の 92.4%,「卓袱台」（17）の 91.0%,「塵取り」（42）・「湯たんぽ」（49）の 90.5%,「臼と杵」（7）の 86.5%,「擂鉢」（3）・「叩き」（41）・「蚊帳」（50）の 85・6%,「囲炉裏」（28）の 83.7%,「羽釜・かま・おかま」（1）の 78.7%,「重箱・おじゅう」（11）の 71.4%,「箪笥」（46）の 71.2%,「柄杓」（22）の 69.0%,「火鉢」（27）の 52.2%があげられる（第25図）。このうち, 正答率 80%以上と特に正答率が高いものとして「箒」（40）,「提灯」（36）,「卓袱台」（17）,「塵取り」（42）,「湯たんぽ」（49）,「臼と杵」（7）,「擂鉢」（3）,「叩き」（41）,「蚊帳」（50）,「囲炉裏」（28）があるが,「何で知ったか」と「使用経験」の設問の答えを参照するとある程度正答率が高い理由が説明可能である。まず, その理由の一つとして, 小学校や中学校で清掃時に使用した「箒」（40）・「叩き」（41）・「塵取り」（42）, 幼稚園などの餅つき大会で使用された「臼と杵」（7）のように幼稚園や学校で使用されたものの正答率が高いことがあげられる。次に,「提灯」（36）,「卓袱台」（17）,「蚊帳」

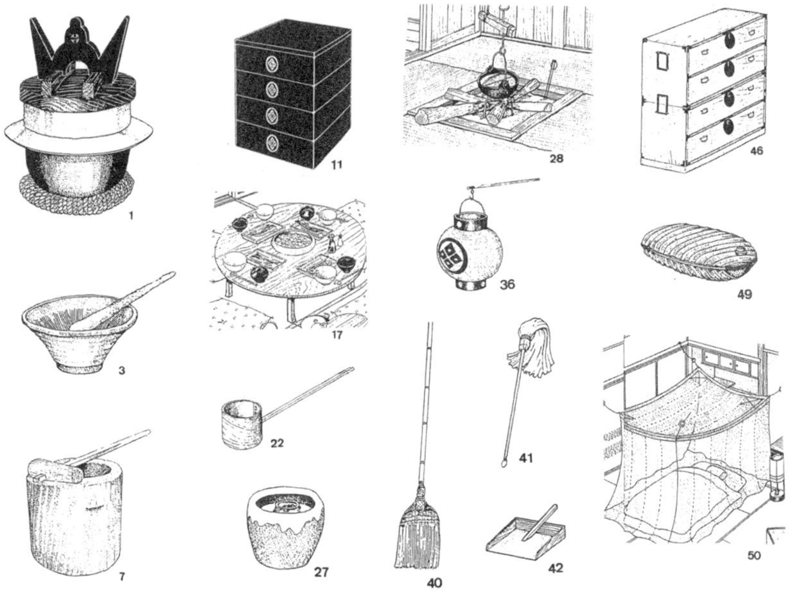

第 25 図　正答率 50%以上の民具

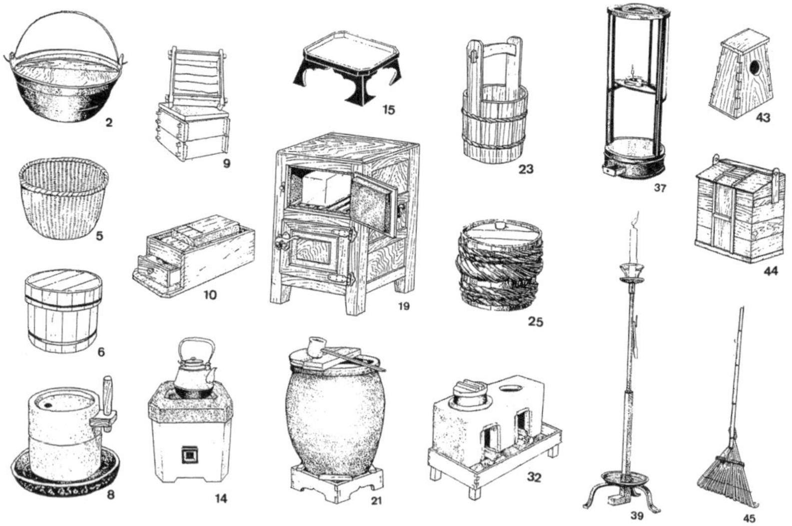

第 26 図　正答率 50〜5%の民具

（50），「囲炉裏」（28）については映画やテレビドラマ，さらにはアニメに登場する民具であり，映像メディアの影響が想定できる。また，「擂鉢」（3）は本来，家庭で調理に使用されるものであるが，最近では料理屋や居酒屋で鍋料理などで食器として小型の「擂鉢」が使用されている。

次いで，正答率が50〜5％のものとして「手桶・桶」（23）の48.0％，「石臼」（8）・「竈・へっつい・くど」（32）の46.8％，「熊手」（45）の45.9％，「笊」（5）の39.7％，「鍋・鉄鍋・おなべ」（2）の38.5％，「氷冷蔵庫・冷蔵庫」（19）の31.4％，「水甕」（21）の29.8％，「飯櫃・おひつ」（6）の25.5％，「鰹節削り」（10）の22.0％，「踏み台」（43）の19.9％，「膳・おぜん」（15）の17.3％，「樽」（25）の17.0％，「蒸籠」（9）の13.5％，「ゴミ箱」（44）の10.4％，「燭台」（39）の9.7％，「七輪・七厘」（14）の8.7％，「行灯」（37）の7.1％がある（第26図）。これらの民具には，「手桶・桶」（23）や「熊手」（45）のように使用経験はあるが名称がわからなかったもの，逆に「石臼」（8），「竈・へっつい・くど」（32），「氷冷蔵庫・冷蔵庫」（19），「水甕」（21），「鰹節削り」（10），「踏み台」（43），「蒸籠」（9），「七輪・七厘」（14），「行灯」（37）のように使用経験はないが各種メディアや博物館などで知ったものが多いようである。また，「膳・おぜん」（15）は普段は使用されないが，旅行先の旅館やお盆の際のお供えなどに使用される。

最後に，正答率が5％未満のものとして「めんぱ・曲げわっぱ」（12）の4.3％，「茶箪笥・水屋」（20）の3.3％，「行李」（13）・「灯台」（38）の2.8％，「箱膳」（16）の2.4％，「長持ち」（35）の2.1％，「櫓炬燵・炬燵」（47）の1.7％，「岡持ち」（24）・「角樽」（26）の0.7％，「自在鉤」（29）の0.5％，「焙烙」（4）・「蝿帳」（18）・「長火鉢」（30）・「火消し壺」（33）・「十能」（34）の0.2％，「手あぶり」（31）・「炭取り」（48）の0％がある（第27図）。これらの中には「焙烙」（4），「箱膳」（16），「蝿帳」（18），「長持ち」（35）のように現代生活ではほとんど使用されず馴染みのないものや「めんぱ・曲げわっぱ」（12），「岡持ち」（24），「角樽」（26），「自在鉤」（29），「火消し壺」（33），「十能」（34），「炭取り」（48）のように難しい名称の民具で占められている。なお，「櫓炬燵・炬燵」（47）については，一定の学生に使用経験があると推測できるものの，布団をかけ

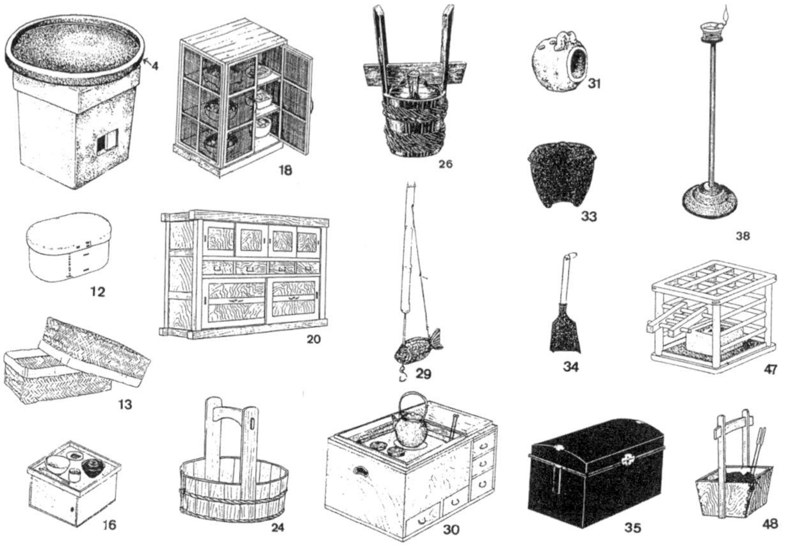

第27図　正答率5%未満の民具

ていない状態の図であったため認識できなかったと思われる。また,「岡持ち」(24) は寿司屋や和食料理店などでは現在でも使用されているが,「岡持ち」というと中華料理店などでバイクや自転車での出前に使用される方形でジュラルミン製の「岡持ち」のイメージが強い。さらに,「手あぶり」(31) は「蚊取り線香入れ」,「炭取り」(48) は「炭入れ」と多くの学生が答えていた。

使用経験

慶應義塾大学での使用経験のある民具数は50民具中,最低0個,最高23個,平均10.0個である。グラフをみると3～4個まで緩やかに増加していたものが急に増加し,9～10個でピークとなり,その後急激に減少し,13～14個からは緩やかに減少している(第28図:太線)。これに対し,大妻女子大学での使用経験のある民具数は最低2個,最高28個,平均は11.6個であった。グラフをみると5～6個まで緩やかに増加していたものが急に増加して7～14個でピークとなり,その後急激に減少したのち15～16個から緩やかに減少している(第28図:細線)。このように,都内の大学に通う大学生の民具

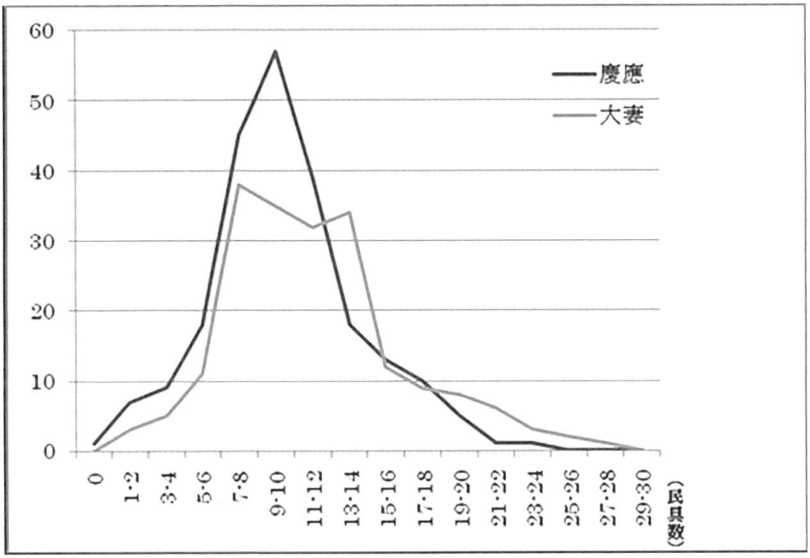

第 28 図　使用経験のある民具数（一人あたり）

使用経験は今回の 50 民具のうち 10～12 個，すなわち全体の 5 分の 1 程度の民具の使用経験があることになるが，前述の民具名称では全体の 3 分の 1 程度の民具の名称を知っていたことと比較するとその割合は低いことがわかる。なお，大学別に平均値を比較すると，大妻女子大学が慶應義塾大学に比べ若干高いが，その理由として，知っている数が限られる民具の名称を記入するよりも名称を知らない民具も含めすべての民具の使用経験の有無を記入するほうが手間がかかるため，慶應の学生よりも大妻の学生のほうが時間をかけてより丁寧に回答してくれたためであると思われる。

次に，使用経験を民具ごとに検討してみたい。ここでは使用経験者比率で民具を 3 つのグループに分けて検討する。まず，全体の 50％以上の学生が使用経験ありとしたグループである。「箒」（40）が 89.6％，「叩き」（41）が 83.2％，「擂鉢」（3）が 82.3％，「臼と杵」（7）が 81.1％，「塵取り」（42）が 76.1％，「柄杓」（22）が 74.0％，「熊手」（45）が 65.0％，「重箱・おじゅう」（11）が 59.3％，「湯たんぽ」（49）が 52.0％となっている。このうち，「箒」（40）・

「叩き」（41）・「塵取り」（42）は既に述べたように小学校などで使用した清掃用具であり，「熊手」（45）も枯葉を集めるため屋外で使用された清掃用具である。これに対し，「臼と杵」（7）は幼稚園などの餅つき大会で使用されたもの，「柄杓」（22）は神社の手水鉢や墓参りで使用されるものである。また，「重箱・おじゅう」（11）については正月のおせち料理を入れる容器として現在でも頻繁に使用されている。「湯たんぽ」（49）については現在では使い捨てカイロが普及している割には使用経験率が高い。

さらに，50～5%の学生が使用経験ありとしているグループである。「手桶・桶」（23）が46.1%，「箪笥」（46）が42.3%，「提灯」（36）が38.8%，「卓袱台」（17）が31.4%，「鰹節削り」（10）が22.5%，「膳・おぜん」（15）が22.0%，「笊」（5）が19.9%，「石臼」（8）が16.5%，「囲炉裏」（28）が16.3%，「飯櫃・おひつ」（6）が15.6%，「蚊帳」（50）が15.1%，「鍋・鉄鍋・おなべ」（2）が13.7%，「羽釜・かま・おかま」（1）が13.0%，「火鉢」（27）が12.8%，「踏み台」（43）が12.5%，「茶箪笥・水屋」（20）が11.8%，「蒸籠」（9）が9.7%，「水甕」（21）が9.0%である。このうち，柄の付いている「手桶・桶」（23）は墓参り，「箪笥」（46）は衣類の収納，提灯（36）は祭礼の際に使用されるが，この中では使用経験者の比率が比較的高い。また，「卓袱台」（17）は意外に使用経験者の比率が高いが，その理由として脚がたためる本来の卓袱台ではなく小型のテーブルを卓袱台と勘違いしている可能性がある。

最後に，使用経験が5%未満のグループとして，「竈・へっつい・くど」（32）が4.7%，「自在鉤」（29）が4.5%，「七輪・七厘」（14）が3.8%，「ゴミ箱」（44）が2.4%，「めんぱ・曲げわっぱ」（12）が2.1%，「箱膳」（16）が1.9%，「行李」（13）・「樽」（25）・「十能」（34）が1.7%，「角樽」（26）が1.4%，「蝿帳」（18）・「炭取り」（48）が1.2%，「氷冷蔵庫・冷蔵庫」（19）・「長火鉢」（30）が0.9%，「岡持ち」（24）・「長持ち」（35）・「行灯」（37）が0.7%，「燭台」（39）が0.5%，「火消し壺」（33）・「灯台」（38）・「櫓炬燵・炬燵」（47）が0.2%，「焙烙」（4）・「手あぶり」（31）が0%である。この中でも「氷冷蔵庫・冷蔵庫」（19），「長火鉢」（30），「岡持ち」（24），「長持ち」（35），「行灯」（37），「火消し壺」（33），「灯台」（38），「櫓炬燵・炬燵」（47）は使用経験者の比率が1%未満と極端に低く，「焙烙」(4) および「手あぶり」(31) には使用経験者はいなかった。これらの民具は現在では使用されることがほとんどないものである。ただし,「櫓炬燵・炬燵」(47) については既に述べたように, 図に炬燵布団が描かれていなかったために,「櫓炬燵・炬燵」と認識できなかったと考えられる。これに対し,「焙烙」(4),「行李」(13),「箱膳」(16),「蠅帳」(18),「氷冷蔵庫・冷蔵庫」(19),「角樽」(26),「自在鉤」(29),「長火鉢」(30),「竈・へっつい・くど」(32),「火消し壺」(33),「長持ち」(35),「行灯」(37),「灯台」(38),「燭台」(39) などはもはや実用品ではなく, 博物館や郷土資料館に展示してある民具であり, 使用経験がないのは当然である。また, 使用経験者比率3.8%の「七輪・七厘」(14) については焼肉店や海鮮居酒屋などで使用されることがある割には使用経験のある学生は少ない。使用経験者比率1.2%の「炭取り」(48) も普段の生活では使用されないが茶道などで使用されている。

民具名称と使用経験

次に, 民具名称と使用経験の関係について具体的に検討する。ここでは, ①名称は知っているが使用経験のない民具, 逆に②名称は知らないが使用経験のある民具がどのようなものであるか詳細に検討してみたい。

①名称は知っているが使用経験のない民具

名称については正答しながら使用経験がないと回答した民具としては,「蚊帳」(50) が全体の70.7%と最も割合が高く, 次いで「囲炉裏」(28) が68.1%,「羽釜・かま・おかま」(1) が66.7%,「卓袱台」(17) が61.7%,「提灯」(36) が53.4%,「火鉢」(27) が43.5%,「竈・へっつい・くど」(32) が42.8%,「湯たんぽ」(49) が39.5%,「石臼」(8) が35.5%,「箪笥」(46) が31.2%,「氷冷蔵庫・冷蔵庫」(19) が30.5%,「鍋・鉄鍋・おなべ」(2) が29.3%,「水甕」(21) が26.2%,「笊」(5) が20.3%と続いており, 名称は知っていながら使用経験がない民具の数は多く, その割合もかなり高いことがわかる。また, これらの民具をみると,「蚊帳」(50),「囲炉裏」(28),「羽釜・かま・おかま」(1),「卓袱台」(17),「提灯」(36),「火鉢」(27),「竈・へっつい・くど」(32) のように映画やテレビドラマ, さらにはアニメなどの映像メディアに頻繁に登場する民具が多いこともわかる。また, これらの民具は過去のわが国の生活を象徴する道具として博物館や郷土資料館などで展示されているものでもある。

②名称は知らないが使用経験のある民具

逆に，名称は非正答あるいは無回答でありながら使用経験があると回答した民具では,「熊手」(45) が全体の 26.0％と最も割合が高く，次いで「手桶・桶」(23) が 18.7％,「柄杓」(22) が 15.1％,「鰹節削り」(10) が 13.5％,「膳・おぜん」(15) が 12.8％,「茶箪笥・水屋」(20) が 10.2％，さらに「擂鉢」(3) が 7.3％,「臼と杵」(7) が 7.1％,「叩き」(41) が 6.9％,「水甕」(21) が 5.7％,「石臼」(8) が 5.2％,「飯櫃・おひつ」(6) が 5.0％などとなっている。これらの数値をみると，名称は知られているが使用経験のない民具に比べて，その割合が全体に低いことがわかる。このうち最も割合が高い「熊手」(45) については,「箒」(40) や「塵取り」(42) のように小学校で清掃に使用されるがその名称は知らなかったと考えられる。「手桶・桶」(23),「柄杓」(22),「鰹節削り」(10),「膳・おぜん」(15),「茶箪笥・水屋」(20),「擂鉢」(3),「臼と杵」(7) などについても，難しい名称であったり，実際に使用した経験がありながら日常的に使用するものではないため，その名称が思い出せなかったと想像される。

(2) 所属学部による差異

次に，慶應義塾大学のデータを用いて所属学部によって正答数や使用経験に違いがあるか検討してみたい。慶應義塾大学の履修者は，文学部の 1 年生 133 名と他学部すなわち経済学部を中心に法学部（政治学科・法律学科）・医学部・総合政策学部の 1・2 年生 91 名で構成されており，ここでは両者の集計結果を比較してみたい。

民具名称

民具名称の正答数は文学部の学生が最低 5 個，最高 31 個，平均は 18.5 個である。これに対し，他学部（経済学部・法学部・医学部・総合政策学部）の学生の正答数は最低 3 個，最高 28 個で平均は 16.0 個である。正答数をみる限り文学部の学生の正答率がやや高いことがわかるが，その背景として文学部の学生は過去の生活や文化などの文化的事象へ興味があり，他学部の学生よりも博物館や資料館へ行く機会が多く民具の展示を見る機会も多かったことが想定される。次に，文学部と他学部で正答率が異なった民具について検討すると，「めんぱ・曲げわっぱ」(12) の正答率が文学部 9.8%，他学部 1.1%，「茶箪笥・水屋」(20) の正答率が文学部 4.5%，他学部 1.1%，「ゴミ箱」(44) の正答率が文学部 12.8%，他学部 5.5%，「踏み台」(43) の正答率が文学部 25.6%，他学部 12.1%と正答率が倍以上異なり，次いで「鰹節削り」(10) の正答率が文学部 26.3%，他学部 15.4%，「水甕」(21) の正答率が文学部 36.8%，他学部 23.1%，「飯櫃・おひつ」(6) の正答率が文学部 32.3%，他学部 20.9%と正答率に 1.5 倍以上の差がみられた。すべて文学部の学生の正答率が上回っている。

使用経験

使用経験については文学部の学生が最低 2 個，最高 23 個，平均は 10.9 個である。これに対し，他学部の学生は最低 0 個，最高 20 個で平均は 8.7 個であり，やはり文学部の学生の使用経験比率が高くなっている。文学部と他学部の学生で使用経験比率が異なった民具について検討すると，「踏み台」(43) の使用経験比率が文学部 25.6%，他学部 12.1%，「自在鉤」(29) の使用経験比率が文学部 3.0%，他学部 1.1%，「茶箪笥・水屋」(20) の使用経験比率が文学部 14.3%，他学部 5.5%，「水甕」(21) の使用経験比率が文学部 10.5%，他学部 4.4%，「膳・おぜん」(15) の使用経験比率が文学部 24.1%，他学部 11.0%，「十能」(34) の使用経験比率が文学部 2.3%，他学部 1.1%と使用経験比率が倍以上異なり，次いで「鍋・鉄鍋・おなべ」(2) の使用経験比率が文学部 15.0%，他学部 8.8%，「竈・へっつい・くど」(32) の使用経験比率が文学部 3.8%，他学部 2.2%，「石臼」(8) の使用経験比率が文学部 16.5%，他学部 9.9%，「囲炉裏」(28) の使用経験比率が文学部 17.3%，他学部 11.0%，「火鉢」(27) の使用経験比率が文学部 13.5%，他学部 8.8%と使用経験比率に 1.5 倍以上の差がみられる。やはり，すべて文学部の学生の割合が高いが，名称の正答率が低い民具に文学部と他学部の学生間で使用経験の差がみられるようである。

(3) 出身地による差異

さらに，学生の出身地域による差異について検討してみたい。ここでは慶應義塾大学および大妻女子大学の出身都道府県を「東京都とその周辺地域」（東京都・千葉県・埼玉県・神奈川県）と「その他の地域」に区分して集計してみた。なお，東京都とその周辺地域出身の学生は283名（慶應の学生が145名，大妻の学生が138名），その他の地域は132名（慶應の学生が74名，大妻の学生が58名，ただし外国出身者は除く）であった。

民具名称

民具名称の正答数は東京周辺地域出身の学生が最低4個，最高31個，平均は17.5個である。これに対し，その他の地域出身の学生が最低5個，最高29個で平均は15.9個であり，正答数をみる限り東京周辺地域出身の学生の正答率がやや高いことがわかる。一般に地方出身者のほうが東京周辺地域出身者よりも民具名称の正答数が高いと考えがちであるが，実際にはその逆ということになる。次に，東京周辺地域出身とその他の地域出身の学生で正答率が異なった民具について検討すると，ほとんどの民具の正答率に大きな差異は見られなかったが，「箱膳」(16) の正答率が東京周辺地域出身者3.2%，その他の地域出身者0.7%と東京周辺地域出身者の正答率が高く，逆に「長持ち」(35) の正答率が東京周辺地域出身1.1%，その他の地域出身4.2%とその他の地域出身者の正答率が高かった。このうち，「箱膳」(16) については通常の生活で，現代の若者がその名称を知ることはないため，博物館や資料館の展示を通じて知ったものであると推定できる。その他の地域出身者の正答率が高かった「長持ち」(35) については，箱形の衣類の収納具をその地方あるいは家庭で「長持ち」と呼んでいた可能性がある。また，その他にも「めんぱ・曲げわっぱ」(12) の正答率が東京周辺地域出身3.2%，その他の地域出身6.3%とその他の地域出身者の正答率が高く，「七輪・七厘」(14) の正答率が東京周辺地域出身者9.9%，その他の地域出身者6.3%と東京周辺地域出身者の正答率がやや高かった。このうち，「めんぱ・曲げわっぱ」(12) は主な産地である東北地方出身者（秋田県・山形県・福島県出身者）が正しく回答していた。これに対し，「七輪・七厘」(14) は近代の都市生活者によって使用されたものであるが，現在では東京など都市部の焼肉店などで七輪を使用する店がみられることと関連している可能性がある。

使用経験

使用経験については東京周辺地域出身の学生が最低0個，最高25個，平均は10.5個，その他の地域出身の学生が最低3個，最高28個で平均は10.5個であり，両者に差はみられなかった。東京周辺地域出身の学生とその他の地域出身の学生で使用経験比率が異なった民具について検討すると，「十能」(34) の使用経験比率が東京周辺地域出身者0.4%，その他の地域出身者3.5%，「炭取り」(48) の使用経験比率が東京周辺地域出身者0.7%，その他の地域出身者2.1%とその他の地域出身者の割合が高かった。これに対して，「ゴミ箱」(44) の使用経験比率は東京周辺地域出身者3.5%，その他の地域出身者0.7%と東京周辺地域出身者の割合が高かった。「十能」(34) と「炭取り」(48) についてはともに炭に関わる道具であり，東京周辺地域よりも地方で使用されることが多いと考えられる。同様に，その他の地域出身者の使用経験比率が高い民具として，「樽」(25) が東京周辺地域出身者1.1%，その他の地域出身者2.8%，「行李」(13) が東京周辺地域出身者1.1%，その他の地域出身者2.8%，「めんぱ・曲げわっぱ」(12) が東京周辺地域出身者1.4%，その他の地域出身者3.5%であるが，「樽」(25) は酒樽や醤油樽ではなく地方で漬物樽として使用されるイメージが強く，「めんぱ・曲げわっぱ」(12) は生産地である東北地方で使用されることが多いことがわかる。これに対し，「ゴミ箱」(44) の使用経験比率が東京周辺地域出身者に高かった理由は不明であるが，その他に東京周辺地域出身者の使用経験比率が高い民具としては，「角樽」(26) が東京周辺地域出身者1.8%，その他の地域出身者0.7%，「七輪・七厘」(14) が東京周辺地域出身者4.6%，その他の地域出身者2.1%，「蝿帳」(18) が東京周辺地域出身者1.4%，その他の地域出身者0.7%であった。

(4) 小　結

以上，現代の大学生の民具知識や民具使用経験に関する調査結果について検討した。全体傾向をまとめると，正しく答えられた民具名称は慶應義塾大学で一人あたり17.5個，大妻女子大学で一人あたり17.1個であり，設問数が50問であるので，現代の大学生は全体の3分の1程度の民具の名称を知っていることがわかった。これを，民具ごとに検討すると正答率が高い民具は小学校などで使用された道具やイベントで使用された道具，あるいは映画，時代劇，アニメなどに登場したものが多いことがわかった。これに対して，正答率が極端に低い民具については特殊な民具やその存在は知っているものの名称が難しい民具，さらには今回の図では判別が難しい民具で占められていた。次に，使用経験は慶應義塾大学で一人あたり10.0個，大妻女子大学で一人あたり11.6個であり，現代の大学生は全体の5分の1程度の民具の使用経験があることがわかった。これを民具ごとに検討すると，やはり小学校などで使用した清掃用具，餅つき大会など幼稚園のイベントで使用された道具，さらには神社や墓参りの際に使用される道具や正月に使用される道具などの使用経験の割合が高かった。これに対して，使用経験の割合が低かったものは現代社会では使用されることがほとんどなく，現在では博物館や郷土資料館に展示してある民具が主体であった。なお，この点について，①名称は知っているが使用経験のないもの，②名称は知らないが使用経験のあるものについて検討した結果でも同様の傾向がみられた。

さらに，所属学部（慶應義塾大学）や東京周辺地域出身者と地方出身者による違い（慶應義塾大学・大妻女子大学）についても検討した。その結果，所属学部については民具名称の正答数は文学部が一人あたり18.5個，他学部（経済学部・法学部・医学部・総合政策学部）が一人あたり16.0個，使用経験については文学部が一人あたり10.9個，他学部（経済学部・法学部・医学部・総合政策学部）が一人あたり8.7個で両者とも文学部の学生の正答率が高いことがわかった。次に東京周辺地域出身者とその他の地域出身者による違いでは，民具名称の正答数は東京周辺地域出身の学生が一人あたり17.5個，その他の地域出身の学生が一人あたり15.8個であり，正答数をみる限り東京周辺地域出身の学生の正答率がやや高いことがわかった。また，使用経験については東京周辺地域出身の学生が一人あたり10.5個，その他の地域出身の学生が一人あたり10.5個で両者に差はみられなかった。

3. 近代民具をめぐる諸問題

(1) インフラ整備と民具

今回の調査では電化以前の日本で使用された民具を調査対象としたが，民具を「民衆の日常生活用具の総称」(『広辞苑　第6版』) と定義するならば，羽釜が電気釜となり，氷冷蔵庫が電気冷蔵庫になったように，主に電化に伴って素材や構造が変化して新たに登場した民具（電化製品）の存在を無視することはできない。そのため民具について検討するためには日本の近現代において電気・ガス・水道といった社会インフラの整備がどのように進行してきたか知っておく必要がある。

例えば，光源の変化では，明治初年までは江戸時代と同様に灯油（菜種・綿実の搾り油）や和蠟燭が使用され，明治10年代になるとランプが普及する。これに対し，大都市や開港場では1872（明治5）年の横浜をはじめガス灯が街灯として使用された。電灯は1887（明治20）年に東京に電力供給が開始され，翌1888（明治21）年に東京に街灯（アーク灯）が設置されるが，電灯が急速に普及するのは明治末期から大正初期にかけてのことである（1913（大正2）年には全国戸数の約1／3に電灯が設置されたが，地域格差が大きかった）。なお，電気は古くから熱源としても使用されていた。大正10年代は第1次家庭電化の時代と言われ，電熱盤，炊飯電熱器（七輪），電気コンロ，電気釜などの電化製品が発売され，昭和初期になると換気扇，トースター，卵茹器，コーヒー沸し，ワッフル焼器，電気冷蔵庫，レンジ，皿洗器，瞬間湯沸器などが登場した。

次に，水源の変化では，従来は湧水・流水や井戸から水が汲まれ屋内の水甕に保存されたが，上水道は1887（明治20）年に国内初の神奈川県新水道（横浜）が敷設されたものの全国的な上水道の設置は遅れ，1916（大正5）年の給水戸数は全体の3.6%に過ぎなかった（これに対して共同栓利用は56.8%であった）。さらに，燃料の変化についても江戸時代のように薪や炭が中心であった時期が長く，熱用ガスの利用が始まったのは1899（明治32）年である。明治末期～大正初期に地方都市でのガス事業が始まり，1930（昭和5）年以降，燃料としてのガスが一気に普及した。また，熱用ガスの地方での利用は戦後のプロパンガス（液化ガス）の普及が大きい。このようにインフラ整備状況によって使用する民具（生活用具）が決定しており，近代あるいは現代の民具の使用状況を考える上でその地域におけるインフラ整備の状況が無視できない重要な要素であることがわかる。

(2) 民具の素材変化

次に，近代あるいは現代の民具について検討するうえで重要な問題として素材の変化がある。江戸時代以来の民具は多くが木・竹・紙・漆・鉄・銅，あるいはガラスや粘土（土器・陶磁器）を使用していたが，近代になるとブリキ，アルミ，ホーロー，アルマイト，合成樹脂（ベークライトなど）が使用されるようになり，さらに戦後になるとステンレススチール（クロムを12%以上混ぜた合金）や石油化学系プラスチックが使用されるようになった。

このうち，ブリキ（錫被覆鉄）やアルミは明治30年代に輸入され，明治末期には生産量が激増し，海外へ輸出されるようになった。ホーロー（ホーロー鉄器）は鉄器に釉薬を塗って焼いたもので明治末期に輸入され，大正期には輸出されるようになっている。1923（大正12）年に日本で発明されたアルマイトはアルミ製品の表面を酸化アルミニュウムで被覆したもので，昭和になってアルマイト製弁当箱が大流行した。また，明治・大正時代のプラスチック（合成樹脂）はセルロイドやベークライトなどで，1873年にアメリカで商品登録されたセルロイド（セルロース・ニトレイト：硝酸繊維素）はサーモプラスチック（熱可塑性プラスチック）の一種で当初は象牙，真珠，鼈甲のイミテーションとして使用されてきた。1907年にアメリカで発明されたベークライトはフェノール（石炭酸）とホルムアルデヒドを合成したサーモセッティグプラスチック（熱硬化性プラスチック）で，わが国では1915（大正4）年に製造が開始され汁碗や重箱に使用された。これに対し，戦後の1955（昭和30）年以降になると石油化学系プラスチック製品（塩化ビニール，ポリプロピレン，ポリエチレンなど）が製造されるようになり，様々な製品が作られ，現在に至っている。このように，近代になるとアルミや各種のプラスチックなど新たな素材が登場することによって民具の基本的な機能は変えずに軽量化や高耐久化が可能になり，工業製品として大量生産が可能になった。そのため現代でも使用されているプラスチック製の民具の形状から，旧来の民具の名称や使用方法を推定することが可能である。

(3) 民具知識と映像メディア

今回の調査で明らかになったこととして，現代の若者の民具に対する知識に映像メディア作品が大きな影響を与えていることがあげられる。例えば，民具を「どこで知ったか」という設問に対して，大妻女子大学の学生（複数解答可）ではテレビあるいはアニメなどの映像メディアを通じて知ったという回答が多数あった。それらを集計してみると，「アニメや時代劇などのテレビ番組や映画」が一人当たり平均7.3個，「本・絵本・マンガ・教科書」が一人当たり平均1.3個，「幼稚園や小学校」が一人当たり平均1.5個，「博物館や資料館」が一人当たり平均0.6個という結果であった。これらの数字を見る限り，テレビや映画で放映されるアニメや時代劇などの影響が特に大きく，本や絵本の影響はそれほど大きくないことがわかる。これに対して，博物館や郷土資料館の展示で知ったという学生は一部に限られている。

このようなメディアの影響が大きいと推定されるのが「名称は知っているが使用経験のない民具」であり，高い割合を占める民具は「蚊帳」(50)が全体の70.7％と最も割合が高く，次いで「囲炉裏」(28)が68.1％，「羽釜・かま・おかま」(1)が66.7％，「卓袱台」(17)が61.7％，「提灯」(36)が53.4％，「火鉢」(27)が43.5％，「竈・へっつい・くど」(32)が42.8％であった。これらの民具はテレビや絵本などの各種のメディアによって知ることになった民具ということになる。こうしたなかで特に影響が大きいものがアニメ作品であり，「どこで知ったか」という設問に対して大妻女子大学の学生の中には『まんが日本昔話』あるいは『日本昔話』と答えた学生が一定数存在した。具体的には，「行李」(13)の５名を筆頭に，「羽釜・かま・おかま」(1)・「火鉢」(27)・「囲炉裏」(28)が３名,「臼と杵」(7)・「石臼」(8)・「飯櫃・おひつ」(6)が２名,「鍋・鉄鍋・おなべ」(2)・「自在鉤」(29)・「灯台」(38)が１名であった。また，今回の調査で明らかになったこととして，「卓袱台」(17)と「蚊帳」(50)が特定のアニメ作品によって知られるようになった民具であることがあげられる。このうち「卓袱台」(17)については「どこで知ったか」という設問に対して，大妻女子大学の学生は具体的なアニメ名として6名がテレビアニメの『サザエさん』，3名がテレビアニメの『巨人の星』をあげていた。さらに「蚊帳」(50) については50名がアニメ映画の『となりのトトロ』，3名がアニメ映画の『火垂るの墓』と回答しており，現代の若者に対するジブリ作品の影響力の大きさが窺えた。

おわりに

かつて最低限の必要な道具とともに暮らしていた日本の民衆は，戦後の高度成長期以降になって大量生産・大量消費の時代をむかえると溢れる道具（モノ）に埋没しながら生活を送るようになった。このことは，かつて世界各国の家族の生活用具を自宅の前にすべて並べて撮影した写真集『地球家族』（マテリアルワールド・プロジェクト 1994）の中で日本の家族の生活用具の数が他の国の家族を圧倒していたことに象徴される。

今回は現代社会では様々な理由で必要とされなくなった民具や，インフラの整備によって現在では使われなくなった民具を中心にピックアップして現代の大学生に対して民具知識の調査を実施した。この調査で提示した民具はもはや「日常生活用具」ではなく，その多くは「非日常生活用具」となっているが，これらの「非日常生活用具」の3分の1程度の名称を現代の大学生が知っていたことはある意味驚きであった。そして，調査結果を詳細に分析してみると，現代の大学生が今や「博物館行き」となった日常生活用具に関する知識を保持している背景としてアニメや時代劇などの映像メディアの影響が大きいことも明らかになった。しかし，道具は本来保存されるものではなく使用されることによって存在価値が認められるものであり，使用に伴う身体感覚も含めて道具は人の記憶に残されるべきである。筆者のように考古学や物質文化研究を専攻するものにとって道具の知識のみが先行する現状に対して危惧を抱かざるをえない。学校教育や博物館における体験学習が盛んなこともこの現状を踏まえてのことと思われるが，今回の調査結果は一般の人々に道具（モノ）の本質を理解してもらうためにどのような努力が必要であるかを改めて考えさせるものであった。

第3章　遺跡まつりにみる遺跡の活用

第1節　消費される遺跡，継承される遺跡

はじめに

昨今，わが国では遺跡や史跡の保護や整備の問題だけでなく，遺跡の活用の問題が話題になる機会が増えてきている。例えば，2002（平成14）年度の埋蔵文化財行政研究会の研究テーマが『市町村と埋蔵文化財その2―遺跡の整備と活用の実態―』（埋蔵文化財行政研究会2002）であり，翌年の2003（平成15）年には『遺跡学会』が設立され，2005（平成17）年10月には東京で『シンポジウム　観光考古学Ⅱ』が開催された（国際航業株式会社2005a・b）。また，2006（平成18）年1月に『共生の考古学―過去との対話，遺産の継承』というテーマで開催された世界考古学会議中間会議大阪大会の中でも「遺産の継承」がテーマの一つになっており，その中で「カンボジア現代社会における遺産の継承と文化遺産との共生」，「パブリック考古学―考古学は誰のためのものか」，「遺産の保護・考古学・教育」，「文化遺産の管理と活用」といったセッションが設けられた（世界考古学会議中間会議大阪大会実行委員会事務局2006）。このように，国民共有の財産である遺跡や史跡は，単に保護するだけではなく，積極的に管理し活用する対象となっているのである。また，このことは遺跡や史跡を現代社会との関係から捉えなおす議論が必要になってきたことを意味する。

その一方で，以前から学史的に重要視されている遺跡やマスコミ等で大々的に取り上げられた遺跡を中心に，遺跡を積極的に活用した「遺跡まつり」が全国各地で実施されている。その具体例を挙げるならば，『明石原人まつり』，『チカモリ縄文まつり』，『だて噴火湾縄文まつり』，『尖石縄文まつり』，『と

す弥生まつり』,『加茂弥生まつり』,『むきばんだ遺跡秋麓まつり』,『西都古墳まつり』,『芝山はにわ祭』など枚挙に暇がない。これらは,多くが地元行政主導の遺跡を利用した「町おこし」・「村おこし」ということになるが,その「まつり」における遺跡の位置づけや具体的な行事の内容は様々である。

こうした中で,2005(平成17)年に筆者は「遺跡まつり」の中でも長期間にわたって継続され,ユニークな存在である「くずう原人まつり」(栃木県佐野市)について調査する機会があった。そこで本節では「くずう原人まつり」の内容を紹介しながら,地域住民にとって遺跡がいかなる存在であるか,そして「まつり」を通じて遺跡がどのように活用されているか検討してみたい。

1.「原人まつり」の舞台

「くずう原人まつり」が実施される佐野市(旧葛生町)は栃木県南部に位置している。平成の大合併によって2005(平成17)年2月28日に佐野市となった旧葛生町は石灰・砕石産業が町の基幹産業である石灰・砕石運搬用のトラックが走り回る「ほこりの町」であり,他の地域と同様に人口の減少に悩む町でもある。地元では石灰の町で有名であった「葛生」の名が全国的に知られるようになったのは戦後に葛生原人の化石骨が発見され,歴史の教科書に掲載されたことが大きな要因である。

「原人まつり」を行う発端となった葛生原人の発見は昭和20年代まで遡る。明石原人の発見者である早稲田大学の直良信夫氏は1950(昭和25)年6月25日に葛生町で開催された化石採集会に講師として招かれた。その際に吉澤兵佐氏と採鉱係員金沢武雄氏から大叶鉱山第10号採石場で採集された化石骨が提供され,その中に化石人骨(右上腕骨下端)が含まれていた。そして,発掘調査を実施した同年7月25日および8月21日に新たな化石人骨(左大腿骨遠端部,左上腕骨中央部)が発掘された。翌1951(昭和26)年には足利第二中学の2年生3名によって前河原洞窟から化石人骨(左大腿骨)が発見され,その後地元の早大大学院生であった清水辰二郎氏と早大考古学古生物学研究室による学術調査が実施され,前河原洞窟から新たに化石骨(左上腕骨,小児の下顎骨)が発見された(吉澤石灰工業株式会社1999)。これらの化石人骨は「葛生原人」と命名され，出土層（葛生層）の年代から約50万年前の原人のものとして高校の歴史教科書に掲載されるようになったというのが葛生原人発見の経緯である。

こうしたなかで葛生町では1987（昭和62）年度の中小企業庁の「地域小規模事業活性化推進事業」の指定を受け，「むらおこし実行委員会」が組織された。委員会の策定したプラン（相子1995）によると，①化石を中心とした文化施設の建設誘致，②山間部に都市交流型宿泊施設の建設があげられ，短期計画として，①葛生原人に関する学習，②人材の発掘と育成があげられている。そして，今回検討する「原人まつり」以外にも「葛生原人マラソン」の開催，「原人」出土跡の整備，「原人ロード」の整備，「原人そば」・「原人ドリンク」・「火おこしセット」などの関連グッズが開発・販売された。また，1994（平成6）年には山村都市交流環境総合整備モデル事業の一環として「古代生活体験村」（写真64）が開設されている。

このように，原人発見から40年近く経過して企画された「むらおこし事業」の一環として葛生町商工会青年部を中心に地元の企業や商店の協力を得て準備が進められた「原人まつり」（第4表）は，1988（昭和63）年8月に第1回「くずう原人まつり」として開催された。「まつり」は，嘉多山（かたやま）公園と秋山学寮を会場として，「原人ステージ」や竪穴住居が設営され，歓迎パレード，原人パフォーマンス，原人リズム，古代食体験，土器作り，弓矢作り等の古代生活体験，コンサート，特産品販売（朝市・夕市），浅草から葛生への直通の臨時列車「原人列車」の運行，さらに葛生と古代ロマンに関するシンポジウム（「21世紀の古代ロマン」）が開催された。その後，第2回（1989年）には仮装コンテスト，火おこし大会，和太鼓の競演などが新たに行われ，第3・4回（1990・91年）には「原人トライアスロン」（丸太切り－大声伝達－水渡り－獲物はこび－クイズ－火おこし）が行われた。また，第5～7回（1992～94年）にねぶた巡行，第7回（1994年）からは「わんぱく広場」（金魚すくい，ザリガニ釣り，ドジョーつかみ取り），地元の踊り，小・中・高等学校の演奏など「原人」とは直接結びつかない催しも増えていった。また，この「まつり」では『21世紀の古代ロマン』がメインテーマとなっており，最初は毎年サブテー

第４表 「くずう原人まつり」の詳細（第１回～第10回）

	日 程	会 場	催 し	内 容
第１回	1988年8月27・28日 21世紀の古代ロマン 『このまちがあなたの明日みつけます』	かたやま	原人列車でお出迎え	浅草プラットホームで原人リズムを演奏，車内で原人弁当
			大通りを歓迎パレード	
			原人パフォーマンス（オープニング）	
			シンポジウム「21世紀古代ロマン」	コーディネータ　針谷正夫（県青連会長），司会　渡辺明美（フリーアナウンサー），パネラー　清水辰次郎（葛生原人発見の第一人者）　西山登志雄（東武動物公園園長）　尾島利雄（県博物館学芸部長），メッセージ　半村良
			原人リズム一般応募表彰式	
			古代ロマン音楽会	
			古沢良次郎とPAPA- "R"（パパラッコ）	
			朝市，夕市	
			ウエイワイズ（日大軽音楽研究会）コンサート	
		あきやま	ゲンさんが原人リズムでお出迎え	
			女の60分（10チャンネル）に出演	
			古代食体験	マス焼き，原人モチ，野菜，鶏肉（囲炉裏で竹串で焼く）
			原人コンテスト	審査員:村長，実行委員，清水先生，片柳豊美（スタッフ），女の60分のお姉さん
			宿泊は秋山学寮	大人6000円
			森沢キャンプ場	子供4500円
			朝食は竹の器の目玉焼き	
			土器作り	後日，野焼きをして参加者に郵送
			弓矢作り	
			昼食は郷土料理	
			仙波そば	
			開村式はかた山会場で	
第２回	1989年8月26・27日 21世紀の古代ロマン 『どっこいくずうもすてたもんじゃネー』	かたやま	原人列車でお出迎え	ゲンさんが浅草へお参りに。三上寛も一緒に来ました。昼食は原人弁当
			南小，葛生小のブラスバンドで歓迎	
			原人パフォーマンスでオープニング	
			原人アトラクション	火おこし・かがり火点火
			アマコン	私好良夢 LIVE IN KATAYAMA
			セッション音魂'89	三上寛＋古沢良治郎とパパラッコ
			体育館でなかよし原人リズム	親子で原人リズム
			みんなで飛ばそう竹とんぼ＋夢風船オープニング	
			原人なんでも仮装コンテスト	
			和太鼓の競演	葛生囃子，武蔵太鼓，江戸箕輪囃子，邑楽太鼓，津軽三味線＋ドラム，鬼無里鬼女紅葉太鼓
		あきやま	かたやま公園オープニング後あきやま会場へ	参加料　大人7000円，子供5000円
			魚のつかみどり	
			野菜の収穫	大雨で中止
			古代食体験	マス焼き，原人もち，鳥肉，野菜

	日　程	会　場	催　し	内　容
			火おこし大会	改善センター
			朝食はゲンさんの目玉焼き	竹筒ごはん
			土器づくり	
			竹馬づくり	
			耳うどん作り	
第 3 回	1990 年 8 月 25・26 日 21 世紀の古代ロマン『古代の響き明日への挑戦』	かたやま	前夜祭	LIVE IN KUZU“セッション音魂 '90” 酒井俊バンド
			オープニング	林知行の世界，ブラスバンドオンステージ（町内中学生），中山圭以子ファンタジーランド
			原人トライアスロン	参加料　小学生 500 円，中学生 1000 円，一般 10000 円
			古代の響き明日への挑戦（和太鼓の競演）	葛生囃子，箕輪囃子，津軽三味線，邑楽太鼓，武蔵太鼓
		あきやま	『村のおきて　文明にたよるな』	参加料　宿泊コース　大人 7000 円，子供 5000 円，日帰コース　大人 3500 円，子供 2500 円
			野菜の収穫	
			古代バーベキュー	マス焼き，原人もち，鳥肉，野菜
			木と竹で食事場所の屋根を作った	
			四角い“いろり”を作った	
			チャレンジコーナー	土器，火おこし，竹馬，竹細工，楽器づくり，ゲンさん音頭，五丈の滝ハイキング，耳うどん
第 4 回	1991 年 8 月 24・25 日 21 世紀の古代ロマン『夢ひとつぶつを語り合い心の○を広げたい』	かたやま	セッション音魂 '91	吉澤良治郎とパパラッコ
			学校音楽会 '91	町内の小中学生によるオンステージ
			竹田愛里ファンタジーランド	うた：竹田愛里　エレクトーン：野田ユカ
			トライアスロン原人	丸太切り－大声伝達－水渡り－獲物はこび－クイズ－火おこし
				参加料　小学生 1000 円，中学生 2000 円，一般 10000 円
			郷土おどり	原人リズムで原人音頭
			和太鼓の競演	原人太鼓，津軽三味線，邑楽太鼓，武蔵太鼓，筝の演奏（アンサンブル小山），黒羽太鼓
	1991 年 8 月 23・24 日	あきやま 23 日	オープニング	参加料　宿泊コース　大人 7000 円，子供 5000 円，日帰コース　大人 3500 円，子供 2500 円
				コントジョーク 2 の司会で原人パフォーマンス
			古代バーベキューに舌づつみ	原人もち，とり肉，すいとん，野菜，マス，竹筒ごはん
			星空コンサート	会場周辺にかがり火 100 本
			人形劇「やじろべえ」「キャベツ村」	
			影絵はなさき山	パネルシアターみんなの広場
			古代のおはなし	県立博物館　上野修一
			オカリナ演奏会　STK“音”	オカリナ：谷　力，ギター：川田久夫，ベース：須永幸秀
		24 日	朝食，ゲンさんの目玉焼き・竹筒ごはん	
			ザ・火おこし大会	参加料　一チーム 500 円
			郷土料理で昼ごはん「耳うどん」	模擬店（氷室地区），秋山育成会，柿平育成会，柿平婦人会，水木老人会
			土器作り	
			竹細工，竹馬	

	日　程	会　場	催　し	内　容
			火おこし練習	
第5回	1992年8月22・23日 21世紀の古代ロマン 『どっこいくずうもすてたもんじゃネー』	かたやま 24日	スタンプラリー及び抽選会	
			わんぱく広場	魚のつかみどり，火おこし他
			オープニング	栃木県警察音楽隊
			原人太鼓&パフォーマンス	
			ハネトコンテスト	ハネト用グッズを仕入れ販売
			ねぶた囃子とハネトの共演	
			朝市	葛生中学校で開催
		23日	竹田愛里ファンタジーランド	うた：竹田愛里　エレクトーン：舟木里砂
			夢ひとつぶのコンサート	小中学生によるブラスバンド，佐野ウインドオーケストラ
			郷土の踊り	
			和太鼓の競演	原人太鼓，邑楽太鼓，武蔵太鼓，箕輪囃子，アンサンブル小山（箏の演奏），ねぶた囃子
			ねぶた巡行	葛生中学校～万町交差点
			フィナーレの花火	
		あきやま 22日	時をわすれゲンさん村	参加料　宿泊コース　大人7000円，子供5000円，日帰コース　大人3500円，子供2500円
			氷室小ブラスでお出迎え！	
			お昼は流しそうめん，開村式は原人パフォーマンス	
			野菜の収穫，魚（あゆ）のつかみどり，原人食	
			麦ごはん・原人もち・すいとん・みょうがのサラダ	
			ニワトリの薫製・鮎焼き・野菜の串焼き	
			星空コンサート　オカリナのしらべ「STK音」	オカリナ：谷　力，ギター：川田久夫，ベース：須永幸秀
			歌と人形劇	劇団「かみひこうき」，「キャベツ村」
			フォルクオーレ（アンデスの民族音楽）	「コンフント・ロス・クラカケス楽団」
			和太鼓「達和会」の演奏	
		23日	朝食	ゲンさんの目玉焼き，竹筒ごはん
			チャレンジコーナー	土器，火おこし，竹細工
			ザ・火おこし大会	参加料500円（一組3名）
			昼食	耳うどん・おにぎり
			閉村式	火おこし大会の表彰式
第6回	1993年8月21・22日 21世紀の古代ロマン 『どっこいくずうもすてたもんじゃネー』	かたやま 21日	スタンプラリー及び抽選会	
			わんぱく広場	原人ロードは，ねぶた色
			ハネトコンテスト	ねぶた囃子とハネトの共演，ハネトセットの販売
			源左衛門ねぶたの巡行	万町交差点～本町交差点
			写真コンテスト	
		22日	オープニングセレモニー	
			夢ひとつぶのコンサート	町内の小中学生によるオンステージ
			しゅうさえこファンタジーランド	歌：しゅうさえこ　エレクトーン：小寺久美子
			郷土の踊り	婦人会及び各種婦人団体の参加

	日　程	会　場	催　し	内　容
			和太鼓の競演	原人太鼓，邑楽太鼓，武蔵太鼓，箕輪囃子，ねぶた囃子
			フィナーレの花火	
		あきやま 21日	開村式	参加料　宿泊コース　大人7500円，子供5500円
			お昼ごはん：そうめん，おにぎり，じゃがいも煮，つけもの	
			マスやトマトの大収穫	
			すいとん，おにぎり作り，魚さばき，キャンプ，楽器作り他	
			星空コンサート	「かみひこうき」コンサート，ゲンさん音頭，バンブーダンス
			氷室地区のみなさんの模擬店	水木育成会，柿平育成会，秋山婦人会，老人会，育成会OB
		22日	食事前の散歩	氷室山～森沢
			朝食	ゲンさんの目玉焼き，みそ汁，ご飯，つけもの
			チャレンジコーナー	土器・火おこし・竹馬・竹細工・わらじ作り
			昼食	カレーライス
			閉村式	
第7回	1994年8月20・21日 21世紀の古代ロマン『どっこいくずうもすてたもんじゃネー』	かたやま 20日	はねとコンテスト	
			手作り“ねぶた”巡行	
		21日	わんぱく広場	
			オープニングセレモニー	葛生町コーラスグループ
			こどもファンタジーランド	うた：春口雅子　エレクトーン：小寺久美子
			夢ひとつぶのコンサート	町内の小中学生によるオンステージ
			郷土の踊り	
			和太鼓の共演	夢創楽，邑楽太鼓，武蔵太鼓，箕輪囃子，ねぶた囃子
			フィナーレ	
		あきやま 20日	開村式	
			魚のつかみどり，マス，さわがに	
			野菜の収穫　ナス，ミニトマト	
			夕食　マス焼き，原人もち，すいとん，おにぎり，おしんこ	
			星空のつどい	紙ひこうきコンサート，八木節（野洲小桜会），夢創楽，盆おどり
			地元の模擬店	あゆみ会，育成会OB，秋山ソフトボールクラブ，あべきよし
		21日	野山の散策	
			原さんの朝ご飯	目玉焼き，味噌汁，漬物
			チャレンジコーナー	弓矢，竹とんぼ，火おこし，水鉄砲，土器
			昼食	カレー，トマト，漬物
			閉村式	
第8回	1995年8月26・27日 21世紀の古代ロマン『どっこいくずうもすてたもんじゃネー』	かたやま 26日	オープニング	コーラス葛生
			こどもファンタジーランド	うた：たけだ　えり　エレクトーン：まつもとれいこ
			わんぱく広場	金魚すくい，ザリガニ釣り
			アマチュアバンドコンテスト	我好良夢 LIVE IN KATAYAMA
			命が燃える　フラメンコ！	アトランタ

	日　程	会　場	催　し	内　容
		27日	夢ひとつぶのコンサート	
			THE DAY OF 原人	
			郷土の踊り，夢みこし	
			和太鼓の共演	夢創楽，邑楽太鼓，武蔵太鼓，箕輪囃子，ねぶた囃子
		あきやま 26日	開村式	参加料　大人5000円，子供4000円
			野菜の収穫　ナス，トマト	
			魚のつかみどり	マス，ドジョウもウナギも池でつかみどり
			チャレンジ体験	火おこし，木工細工，いかだづくり，わら篭作り，ドラム缶風呂
			古代食体験	バーベキュー（原人もち，鳥肉，野菜，マス，そばがき），すいとん，おしんこ
			星空のつどい	紙ヒコーキ，オカリナの調べ（田沼町商工会青年部），原人太鼓（夢創楽），ゲンさん音頭
		27日	ゲンさんの朝ご飯	
			秋山自然探検	マイクロバスで大滝へ，スケッチと昼食，サンショー魚
			閉村式	
第9回	1996年8月24・25日 21世紀の古代ロマン 『どっこいくずうもすてたもんじゃネー』	かたやま 24日	オープニング	
			THE 原人 Files	仮装パフォーマンスコンテスト
			Natural Swing '96（ジャズコンサート）	ack-ack'4+one LIVE
		25日	夢ひとつぶのコンサート	町内の小，中，高校生によるオンステージ
			THE DAY OF 原人Ⅱ	
			郷土の踊り，夢みこし	佐野雅会万灯神輿
			和太鼓の共演	夢創楽，邑楽太鼓，武蔵太鼓，箕輪囃子，鼓舞技会
			フィナーレ　花火	
		あきやま 24日	開村式	
			チャレンジ体験	魚のつかみどり，土器づくり，古代の火おこし，木工細工，竹細工，わら細工
			いろりを囲んでバーベキュー	
			星空のコンサート	チビッコステージ（紙ヒコーキ），魅惑のひびきオカリナのしらべ（田沼町商工会青年部），地元の芸能　水木の田植唄，八木節，盆踊り
		25日	朝食はレストランで…	
			野菜の収穫	
			チャレンジレース	チャレンジ体験で作った水鉄砲と弓矢と火おこしの道具を使ったレースで勝負
			閉村式	
第10回	1996年8月23・24日 21世紀の古代ロマン 『どっこいくずうもすてたもんじゃネー』	かたやま 23日	オープニング　明石原人もやってきた！	
			原人パフォーマンス	コーラス（葛生コーラスグループ），お楽しみ抽選会
			わんぱく広場	
			セッション音魂'97（ジャズコンサート）	
		24日	わんぱく広場（マッキー学園の動物たちといっしょに遊ぼー）	金魚，ドジョーつかみ取り

	日　程	会　場	催　し	内　容
			うちらの十八番よーいドン！	葛生小：吹奏楽，氷室小：水木の田植唄（寸隙），会沢小：バンブーダンス，南小：八木節，常盤小：八木節，葛生中：吹奏楽，常盤中：歌舞伎，葛生高：吹奏楽
			THE DAY OF 原人Ⅲ	
			夢みこし	
			和太鼓の共演	江差追分，夢創楽，邑楽太鼓，武蔵太鼓，鼓舞技会，箕輪囃子，若囃会，東太鼓
			フィナーレ	
		あきやま 23日	開村式	
			チャレンジ体験	魚のつかみどり，古代の火おこし，土器づくり，手作り木工，竹細工，オカリナ教室
			いろりを囲んで古代の食事	鳥の丸焼き
			星空のコンサート	和太鼓の響き　五段囃子加倉お囃子保存会，チビッコステージ 「キャベツ村」の楽しい胃人形劇，魅惑のステージ　オカリナのしらべ（アンサンブル風：田沼）
			地元の芸能	八木節，盆踊り
			地元の模擬店	
		24日	レストランで朝食	
			チャレンジレース	自分で作った水鉄砲，弓矢で楽しいレース，最後は火おこし勝負だ！
			閉村式	

※『むらおこし10年』（葛生町むらおこし事業実行委員会1996）より作成

マを設定していたが，第5回からは『どっこいくずうもすてたもんじゃネー』に固定している。「くずう原人まつり」には第3回（1990年）に町の総人口を上回る1万8千人，第11回（1998年）に3万人以上の人々が訪れ，協賛企業も約200社にのぼった。

そして，「原人まつり」が地元に定着していた2001（平成13）年に葛生町にとって重大な事件が起きた。この年の7月に松浦秀治氏・春成秀爾氏・馬場悠男氏が現存する8点の「原人」の骨を分析した結果，4点がサルやクマの動物骨，4点が人骨という鑑定結果が出され，人骨のうち3点を放射性炭素やフッ素含有量による年代測定法によって分析した結果，15世紀頃のものであることが判明したのである。つまり，大叶鉱山第10号採石場の資料は年代的には古いものの動物化石がヒト化石と誤認され，前河原洞窟の資料はヒトであったが年代が中世のものであったということになり，これによって葛生原人は幻となった。現在，葛生町から発見された化石を展示している葛生化石館には「葛生原人といわれた化石」というコーナーがあり，そのコーナーには次のような内容のパネル[1]が掲示されている。

「葛生原人」について

昭和20年代に故直良信夫氏によって研究された「葛生原人」は，東日本で唯一の更新世（洪積世）人類と考えられ，日本人の起源を考える上で極めて重要であると見なされていた。

平成9〜13年，葛生町・国立科学博物館・国立歴史民俗博物館・お茶の水女子大学の協力により，化石骨の形態および年代が再検討された。その結果，以前からも指摘されていたように，前河原出土の左大腿骨骨体，右大腿骨骨体上部，右尺骨上部，右第5中手指はヒトの骨であることが確認され，前河原出土の下顎骨，吉澤石灰工業出土の右上腕骨下部と左大腿骨下部は，それぞれニホンザル，クマ，トラと同定された。吉澤石灰工業出土の左上腕骨中部は，ヒトの骨ではないが，どの動物の骨かは明らかではない。なお，前河原出土の左上腕骨下部と吉澤石灰工業出土の上顎中切歯は所在が不明である。

人骨は形態で見る限り，いずれも2万年ほど前の港川人骨とは類似せず，縄文時代以降の人骨と類似しているが，縄文時代以降の中でどの時代に属するかは決定できない。堆積層から骨の中に取り込まれたフッ素の含量は，動物の骨では多くヒトの骨では少ないので，動物の骨が更新世に属する可能性はあるが，ヒトの骨が更新世に属する可能性は極めて低いことになる。また，右大腿骨骨体と右尺骨上部の放射性炭素法による年代は，それぞれ（1950年を基準として）約400年前と約550年前と推定された。

したがって，「葛生原人」は前期・中期更新世の原人ではないことは確実であり，後期更新世の化石新人でもなく歴史時代の人間である可能性が高いといえよう。私たちに夢を見させてくれた「葛生原人」は幻となってしまったが，葛生人骨は日本の人類学や考古学あるいは古生物学の発展に大きな刺激を与えてくれた。葛生町では，更新世の動物化石が多量に発見されているので，直良信夫氏が化石発見に注いだ情熱を受け継ぎ，新たに原人化石を探求していきたい。

平成13年8月

その後も「原人まつり」は継続され，2005（平成17）年には第18回をむかえた。これに対し，前期・中期旧石器時代遺跡の「捏造」によって遺跡の存在が完全に否定された「秩父原人まつり」は消滅したが，両者の違いはどこにあるのであろうか。葛生の場合，約50万年前の葛生層から多くの化石が産出することは明らかであり，その年代にも問題がなく，今後化石人骨が発見される可能性がある。しかし，遺跡自体が「捏造」であった「秩父原人」の場合は今後そこから前期・中期旧石器が出土する可能性はない。つまり，葛生から今後原人が発見されるかも知れないという「ロマン」は厳然として残っているのである。このことは化石人骨が否定されたのちのマスコミ取材に対する関係者のコメントに現れている。「街を覆う石灰地層からはニッポンサイなどの古代の化石が多数発見されている。今後も原人の骨が発見される可能性がないわけではない」（当時の立川裕康町長：朝日新聞2001年7月11日栃木1面），「葛生動物群と言って，このあたりからは実に多くの動植物化石が出土します。骨の発見が学界に大きな影響を与えたのは確かだし，原人という言葉は，化石の町から古代へつながるロマンの象徴なのです。何より，若い世代が原人を題材に自主的に町の活性化を考えるようになったことが最大の町おこし効果です」（同上：『サンデー毎日』2001年8月5日号），「化石に対するロマンが祭りの目的で，正確な年代は関係ない」（街商工会：毎日新聞2001年7月12日栃木版）などのコメントである。また，化石人骨が否定された時点で「原人まつり」が既に地元に定着していたこと，さらに「秩父原人まつり」が遺跡の発見から「原人まつり」の運営まで行政主導であったのに対し「くずう原人まつり」は民間主導（商工会青年部）であった点が異なることも指摘しておきたい。

2.「原人まつり」の調査

(1)「原人まつり」の概要

2005（平成17）年の第18回「くずう原人まつり」（第29図）は8月27日（土）から28日（日）の二日間にわたって開催された。今回の調査では，8月27日（土）に葛生駅到着後，葛生化石館，原人出土地（前河原洞窟）を巡って，かたやま公園のまつり会場を訪れた。葛生化石館では石灰採掘によって葛生層（約50万年前）から出土した哺乳類化石や植物化石が展示されている。その中で「葛生原人といわれた化石」のコーナーでは誤認された他の哺乳類や年代が新しかった「葛生原人」の資料が展示されており，解説パネルとともに洞窟の写真，発見当時の新聞記事が掲示されていた（写真54）。次に訪れた原人出土地（前河原洞窟）は，「まつり」当日にも関わらず訪れる人はまったくいなかった（写真55）。そこでは葛生化石館と同じ内容の掲示パネルが掲げられていたが，1991（平成3）年造立の「葛生原人と前河原洞窟〈下部洪積世〉」と題した解説の銅版プレートをはめ込んだ石碑もそのまま残されていた。また，途中で立ち寄った旧町役場に「原人まつり」を宣伝する幟やポスターが掲示されていなったことが，民間主導の「遺跡まつり」であることを窺わせた。まつり会場であるかたやま公園へ通じる原人ロード（写真56）は『古代と21世紀をむすぶまちづくり』事業の一環として，葛生町の特色である葛生原人・石灰岩・化石をモチーフにせせらぎ石張り歩道や植栽を整備したもので，1994（平成6）年度の建設省主催の「手づくり郷土賞」に選定されている。

「くずう原人まつり」の会場はかたやま公園がメイン会場で原人キャンドルは隣の葛生中学校が会場であった。メイン会場である「かたやま公園」は平坦な公園ではなく，正面階段で繋がる上段・中段・下段の三つの平場からなる構造になっており，下段には「朝市会」売店などの屋台，中段には「わんぱく広場」があり，ふれあい動物園（写真57），親子ワイワイコーナー，ポニー広場，ブーブー広場がある。また，上段には原人村があり，ゲンさんの家（写真58），ゲンさん焼き，火おこし体験（写真59），さらにその上には原人像（写真60）が飾られ，原人ステージがある。なお，中段には企業や商

第29図 「くずう原人まつり」のチラシ

店の協賛者名が張り出してあり，実に172もの企業や商店の協賛があったことがわかる（写真61）。

具体的な催しの日程としては，27日（土）に原人ステージで開会式（15:45より）とスタンプラリー抽選会，夜の部ではライブコンサート（ヘビーメタルが中心）（写真62）があり，葛生中学校でグラウンドにロウソクの灯で絵を描く原人キャンドル（18:30より）が行われた。翌28日（日）には原人ステージにおいて灼熱のサンシャインライブ（9:00より），和太鼓の共演があり，最後にフィナーレ（花火）となっている。この間，「わんぱく広場」は27日（土）が12:00～17:00，28日（日）が9:00～17:00，「朝市会」は27日（土）が12.00～21:00，28日（日）が9:00～21:00に開かれていた。

これらの様々な催しを見る中で，28日（日）には「くずう原人まつり」の仕掛け人であり，実行委員会の会長であった広瀬直道氏に聞き取り調査を行うことができた。その中で広瀬氏は，「町おこし」の一環である「くずう原人まつり」を運営するためには地元行政や政治家だけでなく，地元の学校，他の地方の芸能集団（和太鼓やお囃子），プロのミュージシャン，東京の専門

写真 54　化石館の「葛生原人」展示

写真 55　「原人」発見地（前河原洞窟）

写真 56　原人ロード

写真 57　ふれあい動物園

写真 58　竪穴住居（ゲンさんの家）

写真 59　火おこし

写真 60　原人像

写真 61　「まつり」の協賛者

写真 62　ライブコンサート

写真 63　開会式の火おこしパフォーマンス

写真 64　古代生活体験村

学校などの人間関係を広げていくことが重要であると述べられていたが，このことは「人の輪が大切である」，「若者が若者を呼ぶ」という広瀬氏の言葉に集約されていた。また，広瀬氏は「原人まつり」が行政主導ではない民間主導の「町おこし」であることの意義も強調されていた。

(2)「原人まつり」から読み取れること

それでは，この「まつり」は何を目的として開催されているのであろうか。『第18回くずう原人まつり企画書』にある「目的」は「イベント開催を通じ，地域の産業・文化・観光を見つめ直し，地域の特性を生かした新たな事業機会を創造し，地域に潤いと活力を与え，もって地域の文化の向上と人づくり，加えて社会一般の福祉の増進に寄与することを目的とする」とある。また，「開催内容」は，①原人をイメージした各種イベントの開催，②古代生活体験，③特産品展示即売会があげられている。このうち，「原人まつり」の目的の中には「原人」や「古代」といった表現はみられず，「地域の特性を生かした新たな事業機会」を創造し，「地域に潤いと活力」を与えること，つまり「町おこし」としての役割があげられ，それが結果的に「地域の文化の向上と人づくり」，加えて「社会一般の福祉の増進」に結びつくとされている。また，具体的な開催内容には「原人をイメージした各種イベント」や「古代生活体験」が掲げられているが，あくまで「原人」のイメージが重要視されており，「旧石器時代」，「縄文時代」，「弥生時代」といった時代設定は存在せず「古代」という包括的概念で統一されていることがわかる。「原人まつり」は専門家ではなく一般の人々が主役であるため，彼らのイメージする「原人」や「古代」を具現化することによって「まつり」が成立するのである。このように，「原人まつり」を読み解くためには，「まつり」の主役は「原人」ではなく地元の人々であり，彼らが「原人」や「古代」のイメージを消費している，という点を認識する必要がある。このうち，地元の人々が主役であることは，原人ステージで行われるイベントが地元の様々な団体の発表の場となり，朝市会売店などでは地元の名物が販売されていることを見れば理解できる。つまり，この「まつり」は「原人のまつり」ではなく誰でも参加できる「地元のまつり」であり，「原人」はその契機となったのである。

次に，「原人まつり」における「原人」や「古代」のイメージの消費の問題について検討してみたい。まず，火おこしは毎年開会式などで重要な位置を占めており，北京原人が洞窟内で火を使用した痕跡があることから「火＝

原人」というイメージがあることも考えられるが，火おこしが非常にわかりやすいパフォーマンスであるとともに，全国の「遺跡まつり」だけでなく，考古学や埋蔵文化財の普及活動でも実施され，子どもにも人気のある催しであるため「古代」を象徴するパフォーマンスとして実施されていると思われる。次に，竪穴住居を木材と藁で完成させるという催し（ゲンさんの家）も「原人」とは関係なく，構造や材料をみる限り縄文時代以降の竪穴住居がモデルになっているようで，実際に発掘された住居を復元したものではないことは明らかである。これはあくまで一般の人々が抱く「古代」のイメージで製作されている。また，「バーベキュー（ゲンさん焼き）」における「原人＝肉食」のイメージ，27日（土）の夜の「ライブコンサート」がヘビーメタル中心であったことがワイルドで粗野な「原人」のイメージと重なるという穿った見方もできるが，これらが「原人」と関連しているとは言い切れない。これに対し，「原人」や「古代」とは明らかに関係ない催しとして，「ふれあい動物園」，「和太鼓の共演」，「スタンプラリー」などがある。このうち，「ふれあい動物園」や「スタンプラリー」は子どもや親子連れを意識した催しである。

このように，一般の人々にとって「原人」や「古代」は「まつり」を開催するきっかけを与えたが，「原人まつり」が地元に定着すると「原人」や「古代」に必ずしもこだわる必要はないのである。このことは，「原人まつり」が始められた当初の「火おこし」以外の「原人リズム」，「原人コンテスト」，「原人トライアスロン」などの原人をイメージした催しや「土器作り」，「弓矢作り」，「古代食体験」などの古代をイメージした催しが徐々になくなっていったという状況からも推測できる。これに対し，開会式のステージ上で「火おこし」を行うパフォーマンス（写真63）は，「原人」あるいは「古代」のイメージが「火おこし」に特化していったことを示している。また，「くずう原人まつり」にとって「原人」は将来的に葛生から発見されるかもしれないという「ロマン」の供給源であることも見逃せない。そこには考古学者や人類学者が求める「証拠」や「事実」は必要ではなく，「ロマン」の存在だけで十分なのである。その意味で「町おこし」の一つである「くずう原人まつり」は考古学の埋蔵文化財の普及活動や啓蒙活動の一環として実施されている各種のイベントとは目的が異なるということになる。

おわりに

以上の「くずう原人まつり」の調査から我々が学ぶべき点は多い。まず，参加者が「遺跡まつり」に求めているものが何かということを考えさせられた点である。我々は「遺跡の活用」や「考古学の普及」を簡単に口にするが，伊藤 純が博物館において小学生に対応していく中で感じた現実（伊藤2002）が示すように，専門家でもなく，歴史や古代史に特に興味を持っていない一般の人々や子どもたちにとって，「原人」と「古代人」の違いや「まつり」の催しの内容が考古学的に正しいかは問題ではなく，彼らのイメージする「原人」や「古代人」に合致するからこそ受け入れられるのである。つまり，「ロマン」の存在を契機として「原人」や「古代人」のイメージが消費されているのであり，「まつり」の成功は一般の人々が持っている「原人」や「古代人」のイメージを把握し，それを具現化できるかどうかにかかっているのである。これは積極的に遺跡見学会や博物館に足を運ぶ考古学愛好家とは根本的に異なる点であり，正確な考古学的知識を得てもらおうという啓蒙的な態度は「遺跡まつり」にとってかえってマイナス効果となる。

このように，「遺跡まつり」において遺跡は消費される存在であることがわかるが，遺跡が消費されるという現象は，「遺跡まつり」だけでなく各地域で観光行事として行われている一般の「まつり」の中にも存在する。例えば，岡山の「桃太郎まつり」（加原2004）では，桃太郎の「三大伝説地」の一つとして岡山県が全国的に知られるようになったのは近代になってからのことであり，昭和になって吉備津彦命が鬼を退治した伝説が「桃太郎」に読み替えられ，「桃太郎」が岡山のシンボルとなった[2]。こうした中で鬼ノ城をはじめ古墳・寺院・神社などの発掘調査の成果も「桃太郎」へと読み替えられ，古代吉備地方の鉄が「鬼が島」の宝であったといった言説も登場するようになったのである。このように「創られた伝統」[3]が地域アイデンティティを創出する役割を果たす可能性については民俗学において近年盛んに議論されているが，「くずう原人まつり」も「ほこりの町」という葛生のイメージを払拭するため歴史教科書にも登場した原人を「町おこし」に利用したことで新たな地域アイデンティティが呼び起こされたことは間違いない。そして，「葛生原人」が幻となった後も『21世紀の古代ロマン』を謳い文句に「まつり」を継続させてきたが，佐野市となったことにより行政上の葛生町が消滅した後も「くずう原人まつり」は「葛生」という名を未来に継承させる重要な役割を担うのである。

現在，わが国の考古学界では遺跡や史跡の活用の問題が重要な検討課題となっているが，その際には活用のための技術論に終始するのではなく，地域社会との関わりを十分考慮する必要がある。今回取り上げた「くずう原人まつり」は地域に根ざした遺跡の活用とは何かを問う絶好のテキストとなると思われる。

註

1）これとほぼ同じ内容の掲示板（タイトルは「「葛生原人」の探求」）が葛生原人発見地（前河原洞窟）にあり，これが2001（平成13）年8月6日に国立科学博物館の馬場悠男氏が寄稿した文章であることがわかる。

2）具体的には日清・日露戦争の際に，きびだんご製造本家，廣榮堂の初代・武田浅次郎が「きびだんご」を桃太郎の「きびだんご」と読み替え，軍港のあった広島県宇品まで出向き，桃太郎に扮装して凱旋兵士に宣伝したことが契機となったという。その後，明治30年代には鉄道唱歌にも歌われ，昭和になって大和朝廷から派遣された吉備津彦命が鬼の温羅を退治した伝説を「桃太郎」に読み替えた岡山市の難波金之助の『桃太郎の史実』が発表され，この説が定着していった。戦後になって「桃太郎」が岡山像を表すシンボルとなり，1960（昭和35）年に岡山駅前に「桃太郎像」が造立され，1962（昭和37）年には国体が岡山で開催されると大会のユニフォームは桃色，大会シンボル（岡山駅前に桃太郎と犬猿雉のトーテムポール），ポスター，マスゲームに「桃太郎」を採用した。そして，1976（昭和51）年には「春の岡山まつり」が「おかやま桃太郎まつり」に変更されている（加原2004）。

3）「創られた伝統」という表現は，ホブズボウムとレンジャーの『創られた伝統』（ホブズボウム・レンジャー（編）1992）に由来するものである。そこでは，我々が古くからの伝統であると信じていた様々な習俗や慣習が実は近代になって創られたものであったことが明らかにされ，歴史学や文化人類学の分野に大きなインパクトを与えた。

第2節　遺跡まつりと地域アイデンティティ

はじめに

21世紀になって，考古学の研究対象である遺跡やそれを行政的に捉えた埋蔵文化財をめぐる環境がわが国において大きく変化してきている。その一つとしてあげられるのは，従来から議論されてきた遺跡や史跡の保護や整備の問題に加えて観光利用を含めた遺跡や史跡の活用の問題が検討されるようになってきたことである。このことは第1節で述べたが，2010（平成22）年以降も『考古学ジャーナル』誌における「観光考古学」の特集を経て，2012（平成24）年には坂詰秀一監修の『考古調査ハンドブック7　観光考古学』（坂詰2012）が刊行されている。また，経済学の立場から澤村 明が遺跡や文化遺産が地域経済に与える影響についてまとめた著作を相次いで発表している（澤村2010・2011）。

これに対して，遺跡の活用の方法の一つとして本節で取り上げるのが現在全国各地で開催されている「遺跡まつり」である。「遺跡まつり」は「全国各地の遺跡で行われる祭り」という単純な説明では語れない複雑な様相を呈している。わが国における「遺跡まつり」は埋蔵文化財保護の観点から地元にある遺跡について楽しみながら理解を深めてもらおうという当初の目的から離れ，現在では「町おこし」や地域観光に組み込まれる事例がみられるようになってきたためである（桜井2006b・2009）。そこで本節では千葉県芝山町で実施されている「遺跡まつり」である「芝山はにわ祭」の事例を紹介しながら，「遺跡まつり」の実態と地域における役割について検討してみたい。

1.「遺跡まつり」の現状

現在，全国各地で開催されている「遺跡まつり」には，2012（平成24）年に第50回をむかえた静岡県の「登呂まつり」のように半世紀以上も前から存在していたものもあるが，「遺跡まつり」は1980年代頃から徐々に増え始め，現在では全国各地で実施されている。しかし，その実態が調査されることはなかったため，その全体像はいまだ把握されていないというのが現状である。筆者が現在把握している範囲では，北海道・東北地方で30カ所程度，関東地方で25カ所程度，中部地方で15カ所程度，関西地方で15カ所程度，中国・四国地方で10カ所程度，九州・沖縄地方で20カ所程度の「遺跡まつり」が開催されており，全国では100カ所以上の遺跡で「遺跡まつり」が開催されていることになる。また，「遺跡まつり」は，青森県三内丸山遺跡や佐賀県吉野ヶ里遺跡のように現在全国的に知られている遺跡で実施されているだけでなく，最近は注目されなくなったものの史跡に指定されるなど古くから地元に根付いている遺跡においても「遺跡まつり」が開催されている。現在，わが国で開催されている主な「遺跡まつり」には以下のようなものがある。

だて噴火湾縄文まつり（北海道伊達市），ピリカ遺跡まつり（北海道今金町），JOMON亀ヶ岡遺跡まつり（青森県つがる市），三内丸山遺跡縄文大祭典（青森県青森市），これかわ縄文まつり（青森県八戸市），御所野縄文まつり（岩手県一戸町），縄文まつり（宮城県仙台市），ストーンサークル縄文祭（秋田県鹿角市），長井縄文まつり（山形県長井市），古墳まつり（福島県郡山市），陸平縄文ムラまつり（茨城県美浦村），寺野東縄文まつり（栃木県小山市），くずう原人まつり（栃木県佐野市），岩宿ムラまつり（群馬県みどり市），かみつけの里古墳祭り（群馬県高崎市），芝山はにわ祭（千葉県芝山町），野毛古墳まつり（東京都世田谷区），勝坂遺跡縄文まつり（神奈川県相模原市），尖石縄文まつり（長野県茅野市），さらしなの里縄文まつり（長野県千曲市），登呂まつり（静岡県静岡市），チカモリ縄文まつり（石川県金沢市），うれしの天白縄文まつり（三重県松阪市），いずみの国弥生まつり（大阪府和泉市），田能遺跡まつり（兵庫県尼崎市），大中遺跡まつり（兵庫県播磨町），明石原人まつり（兵庫県明石市），むきばんだ遺跡秋麓まつり（鳥取県大山町），土井ヶ浜弥生まつり（山口県下関市），吉野ヶ里ふるさと炎まつり（佐賀県吉野ヶ里町），くにさき古代祭り（大分県国東市），西都古墳まつり（宮崎県西都市），縄文の森春まつり（鹿児島県霧島市）

「遺跡まつり」において実施されるイベントには様々なものがある。三内丸山遺跡の事例をあげるならば，三内丸山遺跡では「遺跡まつり」として「縄文春祭り」，「縄文夏祭り」，「縄文大祭典」，「縄文秋祭り」，「縄文冬祭り」が実施されているが，その中心となる祭りは「縄文大祭典」である。2012（平成24）年度は縄文大祭典実行委員会主催，青森県・青森県教育委員会共催で9月1日（土）・2日（日）に実施されたが，9月1日（土）には発掘調査現地説明会，縄文ワークショップ（ささやきの壁，踊るドグチャン！？　アニメと音の体験ワークショップ），縄文宵待ちフォーラム（縄文のにぎわい），お月見コンサート，月の宴，9月2日（日）には発掘現場公開，さんまる縄文講座・縄文の家づくり体験が行われた。また，9月1日（土）・2日（日）の両日にわたって，縄文パノラマビュー，クイズラリー，手しごと楽らく市，青森特産市場・秋の収穫とれたて市・青森ご当地グルメ屋台村，無料体験学習（縄文グッズ作り），縄文生活体験コーナーも開かれている。このように，催されるイベントは発掘調査現地説明会や発掘現場公開など学術的なものから各種のワークショップ，コンサート，クイズ，さらには地元の特産品・野菜の販売や屋台村まで様々なイベントが開催されている。

また，既に述べたように「遺跡まつり」は全国各地で開催されているが，その規模や主催者，イベントの内容など実に様々な「遺跡まつり」が存在している。それらを類型化すると，わが国の「遺跡まつり」は，（Ⅰ）地元の行政やまつりの実行委員会が主催であるが観光協会・商工会・地元企業などがバックアップし，郷土芸能・コンサート・ダンスの発表会・移動動物園・福引や抽選会・地元物産販売など遺跡とは直接関係のない催しが多い町おこし型の「遺跡まつり」，（Ⅲ）地元の教育委員会や博物館が主催し，文化財保護や生涯学習の観点から地元の遺跡について知ってもらい，文化財としての遺跡の重要性を認識してもらうことを目的にした教育普及型の「遺跡まつり」，そして（Ⅱ）両者の中間型の「遺跡まつり」におおまかに区分できる（第30図）。また，（Ⅰ）の町おこし型の「遺跡まつり」は地元の「商工祭」や「産業祭」などが同時開催され，多くの露店が出店し，郷土芸能・ダンス・カラオケなどの発表会の場を提供するなど地域の祭りという色彩が強い。これに対し，

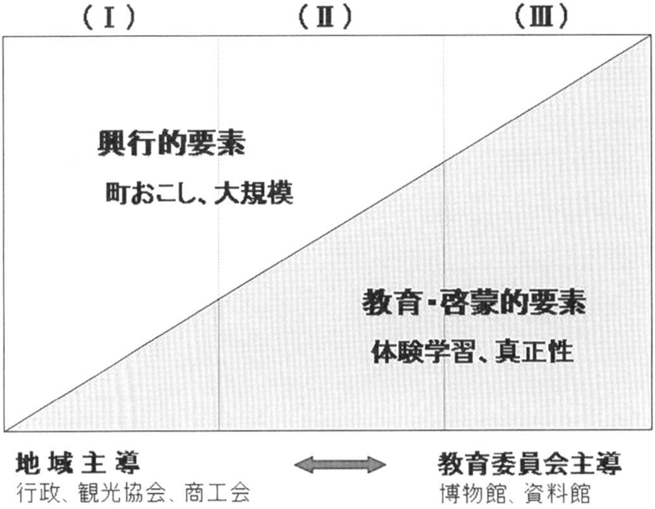

第30図　「遺跡まつり」の類型（桜井 2009）

（Ⅲ）の教育普及型の「遺跡まつり」は，遺跡の解説や出土遺物の展示，講演会やコンサート，火おこし・弓矢体験・勾玉作り・古代食の試食などの体験コーナーがあり，遺跡や遺物の展示解説と体験学習が中心になっている。さらに，（Ⅱ）の中間型の「遺跡まつり」は，（Ⅲ）の教育普及型の「遺跡まつり」に遺跡とは直接関係ない催しや地元の物産販売やフリーマーケットなどが加わることによって（Ⅰ）の町おこし型に近づいたものであるといえる。しかし，これらの「遺跡まつり」の開催の経緯や運営方法など，その実態は様々である。そこで本節では，（Ⅰ）の町おこし型の「遺跡まつり」の具体的な事例として，千葉県芝山町で毎年開催されている「芝山はにわ祭」について紹介してみたい。

2.「芝山はにわ祭」の事例分析

(1) 芝山古墳群と殿塚・姫塚

千葉県芝山町は，千葉県のほぼ中央部に位置する面積 43.47km^2，人口約 7500 人の町である。町の産業は農業を基幹としているが，成田空港に隣接するため，近年空港関連事業で工業団地が造成され，工業の出荷額が急速に伸びている。芝山町周辺には数多くの古墳が確認されているが，「芝山はにわ祭」の舞台となっているのが17基の古墳で構成される芝山古墳群（中台古墳群）の中の国指定史跡，殿塚・姫塚である。芝山古墳群（中台古墳群）は1956（昭和31）年に早稲田大学（滝口1956），2000（平成12）年に国立歴史民俗博物館，2012（平成24）年に早稲田大学によって調査が実施された。なかでも1956（昭和31）年に早稲田大学によって実施された殿塚・姫塚の発掘調査は大学生だけでなく，地元の中高生・教員・青年団・消防団・婦人会などが総動員された「地域発掘」であったとされている（芝山町立芝山古墳・はにわ博物館2012）。

「芝山はにわ祭」の舞台の一つである殿塚は，芝山古墳群最大の前方後円墳で墳丘長88m，後円部径55～58m，前方部幅55m，後円部高8.6m，前方部高7.7mを測る。二段築成で長方形の二重周溝が特徴となっている。埋葬施設は単室構造の横穴式石室である。埴輪は後円部墳頂と北側中堤，および東側中段テラスで円筒埴輪列が検出されている。形象埴輪は，中段テラスに人物・動物・器財が70体以上並んでいたと思われる。副葬品は装身具・銅碗・大刀・鉄鏃・刀子などである。これに対し，姫塚は同じく前方後円墳で墳丘長58.5m，後円部径35m，前方部幅36m，後円部高4.5m，前方部高4.8mを測る。二段築成で二重周溝である。埋葬施設は複室構造の横穴式石室である。埴輪は前方部墳頂部および南側の中段テラスから円筒埴輪列が検出された。形象埴輪は40体以上が検出されており，北側の中段テラスに外を向いて樹立されていた。副葬品は装身具・馬具・大刀・鉄鏃・刀子などである。両古墳ともこの地域の首長クラスの古墳であり，築造は6世紀中頃とされている。なお，殿塚・姫塚はそれまで不明であった形象埴輪の配列を知ることができる古墳として全国的に話題になり，1958（昭和33）年に国指定史跡となり，出土した埴輪も県指定文化財となっている。また，数多くの古墳が確認されている芝山町では1988（昭和63）年に芝山町立芝山古墳・はにわ博物館が開館している。

(2)「芝山はにわ祭」開催の経緯

芝山古墳群の殿塚・姫塚は「芝山はにわ祭」が開催される契機となった古墳であるが，その背景に1956（昭和31）年の殿塚・姫塚の発掘調査によって地域がまとまったという歴史があり，「これは，地域が一丸となった発掘プロジェクトという歴史的な過程を経て，両古墳に付与され，二次的に創出された文化財の新たな価値である」（芝山町立芝山古墳・はにわ博物館2012）とされている。そして，そのような過去の町の記憶が蘇り，「芝山はにわ祭」が開催される直接的な原因となったのが「成田空港（新東京国際空港）建設問題」であった。その経緯は次のようなものである。

1962（昭和37）年に政府は新国際空港の建設を閣議決定し，建設地として埋め立て案（浦安沖・木更津沖・霞ヶ浦）と内陸案（富里・八街付近）が検討された。その後，1965（昭和40）年に建設地が富里に内定したが，地元の住民による反対運動が起こり，そのため政府は1966（昭和41）年7月に成田市三里塚に建設地を閣議決定した。そして，芝山町菱田地区が騒音地帯となるため三里塚地区の住民とともに同年11月「三里塚・芝山連合反対同盟」が結成された。芝山町議会では同年7月に絶対反対と条件付き反対の2案が提出され，建設に強く反対する決議案を可決したが，12月に白紙撤回されている。これに対して，反対派が翌年1967（昭和42）年1月に町議全員のリコール運動を展開し，10月には条件付き賛成派によって「芝山町空港対策連絡協議会」が結成されるなど，空港建設問題によって町が混乱した。その後，学生運動組織と連携して現地にバリケードを築いて実力で建設を阻止しようとしたが，1971（昭和46）年の2月と9月に大規模な強制代執行が実施された。1977（昭和52）年には反対派のシンボルであった大鉄塔が撤去され，翌1978（昭和53）年5月には成田空港（新東京国際空港）は開港したのである（芝山町立芝山古墳・はにわ博物館2012）。

1982（昭和57）年に開催された第1回の「芝山はにわ祭」は，このような成田空港建設問題に揺れた芝山町が「今から24年前の昭和57年10月―。『町民が一つになれる祭りを開催して，住民の融和と町おこしの一翼を担おう』と町内の有志7人が『はにわ祭』を提案した」（『広報しばやま』2006（平成

18）年12月号）町おこし事業として企画したものであった。その契機となったのは第1回の祭りが開催される2年前に伊藤高夫氏が自費を投じて豪族の衣装を復元したことであった。衣装は，1956（昭和31）年の殿塚・姫塚古墳の発掘に携わった滝口 宏早稲田大学名誉教授のアドバイスに基づき，古代衣装研究家の小堀栄寿氏に依頼して作成された。素材の麻には古代のものに最も近いといわれるフィリピンのマニラ麻を，首飾りには甲府から買い付けた印度ヒスイを用いた。費用は豪族男女が約100万円，その他の武人や侍女のものでも20万円ほどかかったという（『千葉日報』1982（昭和57）年11月1日）。こうしたなか町の名刹である芝山仁王尊の住職濱名徳永氏，町内に住む村山元英千葉大学教授，空港問題に端を発した「花の輪運動」の推進者土井修司氏らの提唱で，1982（昭和57）年10月31日に第1回「ハニワ祭り」（第3回以降「はにわ祭」に名称変更）が開催された。「芝山はにわ祭」は1988（昭和63）年に昭和天皇の病状を考慮して取りやめになり，1997（平成9）年に町長が収賄容疑で逮捕され中止になることはあったが，現在まで継続されており，2013（平成25）年には第31回の「芝山はにわ祭」が開催されている（第5表）。なお，「芝山はにわ祭」誕生の30年後にあたる2012（平成24）年11月3日から12月2日にかけて特別展『はにわと共に生きる町—殿塚・姫塚古墳調査の過去・未来—』が芝山古墳・はにわ博物館で開催され，「芝山はにわ祭」の歴史に関する展示も行われた（芝山町立芝山古墳・はにわ博物館2012）。

(3)「芝山はにわ祭」の概要

2013（平成25）年に開催された第31回「芝山はにわ祭」の概要は以下のようなものである。

開催日：2013年（平成25）11月10日（日）
開催地：芝山公園周辺（千葉県山武郡芝山町）
主催：芝山はにわ祭実行委員会
後援：芝山町・芝山町観光協会・千葉県教育委員会・（公社）千葉県観光物産協会・成田国際空港㈱・芝山町商工会・ほか各種団体
協力：横芝光町・京成電鉄㈱・芝山鉄道㈱

第５表 「芝山はにわ祭」年表（2005年まで）

	開催日	主な内容	その他
第1回	1982年10月31日	**降臨の儀**　10時～　殿塚・姫塚 **歓迎の法要**　芝山仁王尊　白枡粉屋踊，町民音頭，獅子舞 **パレード**　午後　町内の商店街　小学校鼓笛隊，みこし，白枡地区粉屋踊り連	名称は「ハニワ祭り」，メイン会場は芝山仁王寺観音教寺，古代人45人は町民有志・婦人会，衣装は滝口宏早大名誉教授のアドバイスを受け，古代衣装研究家小堀栄寿氏が作成，国造は小川英 町区長会長，約六千人の見物客
第2回	1983年11月12日・13日	**降臨の儀**　12日　殿塚・姫塚 **交歓の儀**　13日　獅子舞，白枡粉屋踊，光町虫生寺の“鬼来迎” **パレード**　13日12時30分～15時10分　真行寺建設前から白枡地区 **農業の宴**　～14日　小池共同利用施設 **畜産共進会**　13日　理研グラウンド **文化の宴**　12日・13日　中央公民館　各文化団体，一般町民，小，中学生，保育園，幼稚園児などの作品展示，東金電報電話局，東京電力東金営業所，郵便局などの展示コーナー **その他**　菊花展，植木市，青空市，演芸大会，縄文土器製作実演	名称は「ハニワ祭り」，実行委員長は浜名徳永氏
第3回	1984年11月10日・11日	**降臨の儀**　10日14時～　殿塚・姫塚　殿部田神楽，神官の祝詞，石室開扉，古代人出現，国造のご託宣ほか **交歓の儀**　11日10時～　観音教寺　古代人来臨，歓迎法要，みこの舞い，蓮沼村五所神社奉納，十二面神楽 **行列の儀**　11日13時～　町内　古代人の行幸，殿部田おはやし，山車，子供みこし，鼓笛隊ほか **昇天の儀**　国造メッセージ，かがり火，昇天の辞，みこの舞，ほか **農業の宴**　10日8時～12時，11日9時～16時　小池協同利用施設 **文化の宴**　10日9時～16時，11日9時～16時　公民館・商工会館，中央研修所 **昼の宴**　10日10時～16時　役場前　芸能共演会，のど自慢大会，健康まつり，模擬店ほか **夜の宴**　17時～20時　芝山ユネスコナイト，村の憩い，一人一芸，語ろう文化の里を，ほか	名称これ以降「はにわ祭」，古代人45人，衣装代は豪族男女が約百万円，武人や侍女でも一体二十万円
第4回	1985年11月9日・10日	**降臨の儀**　9日　殿塚・姫塚　神官の祝詞，古代人の出現，伊橋町議会議長歓迎の辞，国造ご託宣，町長宣詞，巫女3人の舞 **交歓の儀，行列の儀，昇天の儀，**古代人の行列，子供みこし　10日	古代人約30人，降臨の儀に約100人の観光客
第5回	1986年11月8日・9日	**降臨の儀**　8日　殿塚・姫塚 **古代食の試食会**　12時～　芝山仁王尊客殿　メニュー：クリのおこわ，アユの塩焼き，サケのくん製，サザエの刺身，山芋など7種のおかず，きのこ汁，濁り酒，どんぐりクッキー，ヒシの実（八千代市にある自然食のレストランの風間千代子氏が製作） **古代文化のシンポジウム**	
第6回	1987年11月7日・8日	会場　中央公民館，町役場前広場，農業者トレーニングセンターほか **降臨の儀，行列の儀，文化の宴，産業の宴**など	
第7回	昭和天皇の病状など諸情勢から取りやめ		5月　はにわ博物館，芝山公園完成 7月　観光協会設立，シンポジウムなど各種催しが開催される

	開催日	主な内容	その他
第8回	1989年11月12日	**降臨の儀**　9時50分～ **交歓の儀**　午前中　観音教寺　巫女の舞い，大富ばやし（成東町） **行列の儀**　13時5分～　中心街　古代人，山車，子供はにわみこし **昇天の儀**　15時40分～ **産業の宴**　植木市，青空市，ミニ動物園など	
第9回	1990年11月	記事なし	
第10回	1991年11月	記事なし	
第11回	1992年11月	記事なし	
第12回	1993年11月14日	**降臨の儀** **交歓の儀**　芝山仁王尊・観音教寺　郷土芸能，巫女，古代人 **行列の儀**　午後　古代人のパレード，みこし，ブラスバンド 文化センターのイベント 「川津場芋煮会」，「カナリヤナス」販売（町社会福祉協議会） 「酥」の試食会（町立芝山古墳・はにわ博物館）	古代衣装の小中学生がカメラマンに人気
第13回	1994年11月13日	**降臨の儀**　殿塚・姫塚　神官の祝詞，殿部田神楽，国造のご託宣，巫女の舞 **産業祭**　文化センター　青空市，即売会，模擬店 酥の試食コーナー（芝山古墳・はにわ博物館）	古代人は芝山中学校2年生ら，国造は真行寺一朗前町長
第14回	1995年11月12日	**降臨の儀**　殿塚・姫塚 **交歓の儀**　芝山仁王尊　歓迎の法要　巫女の舞（中学生） **産業祭**　文化センター　露店，即売コーナー，麻薬犬のデモンストレーション 「酥」の試食（町立芝山古墳・はにわ博物館）	
第15回	1996年11月10日	**降臨の儀**　殿塚・姫塚　ご託宣，みこの舞い **交歓の儀**　芝山仁王尊・観音教寺 **歓迎の儀**　文化センター **行列の儀**　芝山小鼓笛隊（先頭），はにわみこし **昇天の儀**　芝山小学校 第11回山武地域農林業まつり（芝山文化センター広場）	古代人約60人　国造は石井國夫芝山中校長
—	町長が収賄容疑で逮捕され中止		1997年11月9日に予定されていた
第16回	1998年11月8日	**降臨の儀**　9:50～　殿塚・姫塚　国造の御託宣，巫女の舞い（芝山中学校2年4名） **産業祭**　芝山文化センター　物品販売	古代人56人，国造は戸井信雄町区長会長
第17回	1999年11月14日	**降臨の儀**　10:00～　殿塚・姫塚　古代人の登場，巫女の舞い（芝山中学校2年4名） **交歓の儀**　芝山仁王尊・観音教寺 **歓迎の儀**　文化センター **昇天の儀**　芝山小　かがり火 **産業祭**　文化センター　農産物販売 **文化祭**（公民館），健康まつり（保険センター）	古代人40人，巫女17人，国造は椿茂町区長会長
第18回	2000年11月12日	**降臨の儀**　9:50～　殿塚・姫塚　巫女の舞い（芝山中学校2年4名） **交歓の儀**　芝山仁王尊　歓迎法要 **行列の儀**　文化センターまで **歓迎の儀** **昇天の儀**　かがり火 **産業祭**　文化センター広場 大道芸，アトラクション，古代食試食会	古代人60人，国造は渡辺美基町区長会長
第19回	2001年11月11日	**降臨の儀**　古代人出現　巫女の舞い（4人） **交歓の儀**　仁王尊 **行列の儀** **歓迎の儀**　文化センター **昇天の儀**　芝山小 **産業祭・文化祭**　芝山文化センター	古代人約60人

	開催日	主な内容	その他
第20回	2002年11月10日	**降臨の儀**　巫女の舞い（女子中学生） **産業祭，商工まつり** 写真コンクール	古代人57人，この年より国造が俳優 荒井紀人氏になる 10月27日　芝山鉄道開通
第21回	2003年11月2日	**降臨の儀**　殿塚・姫塚　神楽，神官の祝詞，相川勝重町長による宣旨，巫女の舞（女子中学生） **旅籠サミット**　江戸時代の旅館　現代人と交流 **交歓の儀**　芝山仁王尊・観音教寺 **行列の儀** **歓迎の儀**　文化センター **昇天の儀**　かがり火，花火 **産業祭，商工まつり**　芝山公園 青空市，農産物即売，植木市，模擬店 芝山公園隣接の「花の里」で一日茶屋（古代人のティータイム：山中花の会）古代米（黒紫米）茶，びわの葉茶，クマ笹茶 古代米を使ったクッキー，揚げせんべい，もちつき（きなこ）の実演販売	古代人56人，国造は荒井紀人氏，実行委員長は五木田勝実氏
第22回	2004年11月14日	**降臨の儀**　古代人の出現 **交換の儀**　芝山仁王尊 江戸時代の旅篭で古代人の昼食　地元はなの里産の黒米，サケ，ハマグリ，木の実 **行列の儀** **歓迎の儀**　芝山公園広場ステージ **昇天の儀**　かがり火，花火	古代人57人，堂本千葉県知事も古代人役で参加
第23回	2005年11月3日	記事なし	

催し物：

降臨の儀（写真65）

時間　9:20～10:00

場所　殿塚・姫塚

古事記の記す天の岩戸開きになぞらえて，古墳の石室の開扉を祈る。当地方開拓の祖である武射国造から託宣を受ける。殿部田のお囃子の伴奏で巫女の舞が披露される。

殿部田お囃子／神官の祝詞／古代人の出現／歓迎の辞／国造の御託宣／町長の誓詞／巫女の舞（国造：香取市在住の俳優A氏，后：地元の小学校教諭，傘持ち：地元の小学校教諭，古代人（巫女も含む）：地元の小学生・中学生）

交歓の儀（写真66）

時間　10:45～11:45

場所　芝山仁王尊

芝山仁王尊境内に古代人の来臨を仰ぎ，僧侶による歓迎法要があり，

第 31 図 「芝山はにわ祭」のリーフレット

現代人と交歓を行う。巫女の舞と白桝粉屋踊りが披露される。

古代人来臨／歓迎法要／巫女の舞／白桝粉屋踊り

行列の儀（写真 67）

時間　13:00～13:40

場所　芝山仁王尊三重塔脇～芝山公園

古代人が勢揃いして，現代人の業を観閲，護符を配りながら練り歩く。「子どもはにわみこし」も登場する。

古代人の行列／子どもはにわみこし

歓迎の儀（写真 68）

時間　14:00～14:30

場所　芝山公園芝生広場

古代人歓迎のため，現代人によるアトラクションが催される。現代人が歓迎の言葉を述べ，巫女の舞と白桝粉屋踊りが披露される。

委員長あいさつ／歓迎の言葉／巫女の舞／白桝粉屋踊り

昇天の儀（写真 69）

時間　16:40～17:00

写真65　降臨の儀

写真66　交歓の儀

場所　芝山公園芝生広場

現代人の見守る中で，古代人はメッセージを残し，明年の再会を約してかがり火の中，静かに昇天する。

かがり火／現代人，古代人のメッセージ交換／昇天

メインステージイベント

写真 67　行列の儀

時間　10:00〜12:30

歌謡ショー／踊り（ベリーダンス・フラダンス）／空手演武

時間　13:00

しばっこくん（芝山町キャラクター）お誕生日会

産業祭

時間　9:00〜16:30

場所　芝山公園芝生広場

地元産品即売／もちつき／ミニ動物園

文化祭

時間　9:00〜17:00（11 月 2 日〜10 日）

場所　役場脇中央公民館

商工まつり

時間　10:00〜16:30

場所　芝山公園芝生広場

スタンプ福引大会／ウルトラクイズ／大モチ投げ大会

写真コンクール

写真68　歓迎の儀

協賛イベント

古代体験村　時間　10:00～15:00

場所　芝山古墳・はにわ博物館

勾玉づくり／火おこし／古代チーズの試食等

ミニ動物園　場所　芝山公園芝生広場

ミニ SL　場所　芝山公園駐車場

芝山ギネス大会

場所　芝山古墳・はにわ博物館駐車場

種目　将棋積み／輪ゴム通し／小豆運び／ザ・Weight／突撃三銃士／フリースロー（バスケ）／ダイススロー／ストラックアウト（野球）／キックターゲット（サッカ　）等

このように，「芝山はにわ祭」では様々な催しが開催されているが，その中心となるのは，「降臨の儀」，「交歓の儀」，「行列の儀」，「歓迎の儀」，「昇天の儀」である。これは「古代人の出現」→「古代人の来臨を仰ぎ歓迎の法要と現代人との交歓」→「古代人の一族が勢揃いし，行列」→「古代人と現代人との交流」→「古代人がメッセージを残して昇天」というストーリー性

写真 69　昇天の儀

をもった一連の儀式（イベント）であり，この祭りの中核となっている（このうち，「降臨の儀」に関しては第1回から存在していたが，第3回以降現在の形になっている）。これに対し，30年の歴史がある「芝山はにわ祭」は，日程や会場が途中で変更となっている。例えば，当初二日間の開催であった日程が第8回（1989年）以降一日開催となっている。また，「行列の儀」のコースが変わり，当初の「農業の宴」，「文化の宴」，「産業の宴」は「産業祭」，「文化祭」，「商工まつり」へと名称変更されている。しかし，第20回にメイン会場を芝山公園周辺に移してからは催し物の名称や開催場所はほぼ固定している。このような経緯を経て「芝山はにわ祭」は徐々に地域に定着していった。祭りの人出は第1回が6,000人であったがその後，町の人口をはるかに凌ぐ30,000人程度に増加し，現在では町最大のイベントとなっている。

また，「芝山はにわ祭」は多くの人々が楽しめる「遺跡まつり」である。例えば，古墳や埴輪という歴史的要素とは無関係に，地域住民に伝統芸能や踊り（ダンス）などの発表の場や演歌歌手のコンサートを無料で聴ける場を提供している。一般参加者の関心は一連の古代の儀式よりも多くの企業や組合，地元の店などが参加している地元産品即売や露店，福引大会，クイズ，モチ投げ大会などの催しにあり，ミニ動物園や博物館の古代体験村の催し物

（火おこしや勾玉づくり）も子どもたちに人気である。また，アマチュアカメラマンにとっては当時の衣装を身にまとった古代人が最大の魅力である。このように，様々な興味を持つ幅広い年代の人々が楽しめるイベントを用意したことが，創設から30年を経た現在でもこの祭りが町最大のイベントとして定着している理由であると考えられる。

最後に，「芝山はにわ祭」が他の「遺跡まつり」と異なる点として指摘しておきたいのは，地元の子どもたちが祭りに積極的に参加していることである。具体的には，地域の小中学生が古代人に扮して一連の儀式に参加し（写真70・73），女子中学生が巫女に扮して巫女の舞を披露している（写真71）。また，行列の儀の際には子ども会単位で「子どもはにわみこし」を担ぎ山車を引いて行列に加わっているが（写真72），このような祭りへの参加を通じて地域の一体感が醸成されるとともに，子どもたちに地域の歴史への興味を抱かせる機会となっている。この点については，まつりのポスターに使用されるキャラクターが当初国造中心であったものが第5回以降，巫女や子どもの古代人が中心となっているという指摘（芝山町立芝山古墳・はにわ博物館2012）にあるように，祭りが始まった当初は古墳の被葬者である国造が使用されていたが，次第に「町民が古代人に扮して参加するまつり」というイメージに変わっていったことが想像できる（第31図）。

3.「遺跡まつり」と地域アイデンティティの創出

以上，今回紹介した「芝山はにわ祭」は町おこし型の「遺跡まつり」であり，その中でも行政や地元の団体が積極的にバックアップする「遺跡まつり」である。これは筆者が以前に紹介した栃木県佐野市の「くずう原人まつり」（第1節参照）のように地元商工会青年部を中心とした，行政に依存しない「遺跡まつり」とは若干異なるものであるが，両者とも興業的に成功している「遺跡まつり」であるといえる。そして，これらの町おこし型の「遺跡まつり」の事例を検討すると，いくつかの成功の秘訣を指摘することができる（第32図）（桜井2009）。

まず，「遺跡まつり」が成立する要件として，①本物であること（真正性），

写真 70　古代人に扮する地元中学生

②エピソード（物語）の存在，③仕掛人の存在があげられる。このうち，「本物であること」はその遺跡が考古学的に価値のある本物であることであり，考古学者がお墨付きを与える役割を担う。「芝山はにわ祭」の場合は早稲田大学の滝口 宏氏がその役割を演じた。また「エピソード（物語）」とは，「遺跡まつり」の契機となった物語や実現にあたっての苦労話などであり，「芝山はにわ祭」の場合はかつて町を二分した成田空港建設問題である。最後の「仕掛け人」は，祭りの実現に中心的な役割を果たした人物の存在であり，「芝山はにわ祭」の場合は，自費を投じて古代の衣装を復元した伊藤高夫氏，芝山仁王尊の住職濱名徳永氏，村山元英千葉大学教授，「花の輪運動」の推進者土井修司氏らということになる。次に，「遺跡まつり」が成功する秘訣として，①古代のイメージの具現化，②他の催しとの連携，③イベントの変化と多様性があげられる。このうち，「古代のイメージ」の具現化については，「芝山はにわ祭」の場合当時の衣装を身にまとった古代人を登場させることであり，「他の催しとの連携」については産業祭や文化祭がこれにあたる。最後の「イベントの変化と多様性」は，その祭りにとって中核となる催し物（「芝山はにわ祭」の場合は「降臨の儀」，「交歓の儀」，「行列の儀」，「歓迎の儀」，「昇天の儀」

写真 71　地元中学生の巫女の舞い

写真 72 「子どもはにわみこし」を担ぐ地元小学生

である）以外は固定させず状況に応じて変化させることであり，イベントに多様性をもたせ，すべての年齢層が楽しめるようにすることがこれにあたる。

このような「遺跡まつり」運営における秘訣は，「遺跡まつり」を興行的に成功させ，継続させるために必要な条件である。しかし，それ以外にも地域にとって「遺跡まつり」を開催する意義があることを忘れてはならない。

写真73　露店と古代人（地元中学生）

それは「遺跡まつり」を開催し，継続させることによって「地域アイデンティティ」が創出されることである。「地域アイデンティティ」という用語は，文化庁が刊行した『埋蔵文化財の保存と活用（報告）―地域づくり・ひとづくりをめざす埋蔵文化財保護行政―』（埋蔵文化財発掘調査体制等の整備充実に関する調査研究委員会 2007）において埋蔵文化財の「地域および教育的資産としての意義」として「地域のアイデンティティの確立」があげられているように，近年わが国で地域文化活動を実施する際に期待される効果として「地域アイデンティティの確立」が喧伝されている。アイデンティティ（identity）という用語は精神分析学者で発達心理学者のエリク・エリクソンが使用した用語であり，存在証明，自己同一性，帰属意識などと訳されるが，この用語は人の意識と歴史や社会の関係を解明する重要な役割を果たしてきた。栗原彬はアイデンティティの最小限の基準は人生の諸項目の配列の型が集団的なものと結びつくことであり，それが名前・性別・職業・地位・所属集団・民族・風俗・習慣・儀礼などに即して役割的アイデンティティを持つとしている。そして，それらを束ねてより上位のアイデンティティである自我アイデンティティ（自我の相対化機能）が形成されるのである（栗原 1982）。また，栗

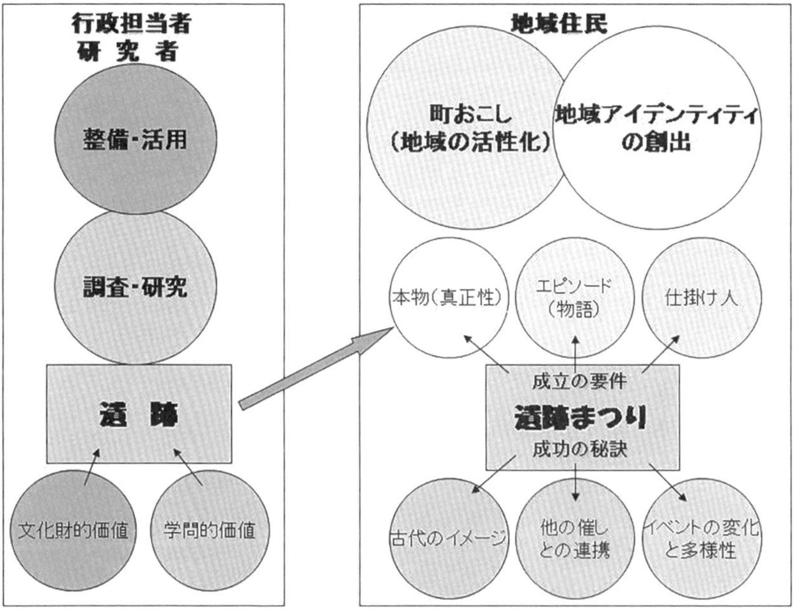

第32図　「遺跡まつり」をめぐる見取り図（櫻井 2009）

原はアイデンティティが，①個体史と歴史との遭遇において成り立つこと，②個体性と共同性が交差する場に存立すること，③不易性と転調との力動的関係のなかに紡がれること，④同一性と差異性との交差の場に顕在化すること，といった傾向を指摘している。「芝山はにわ祭」に参加した地元の小中学生はまさに郷土の歴史に遭遇したことになる。祭りという場は個人が共同性と交差する場でもあるが，この経験を通して地元の小中学生に「芝山＝古墳」あるいは「芝山＝埴輪」というイメージが定着し，新たな地域アイデンティティが芽生えることが期待されるのである。さらに「芝山はにわ祭」の場合，単に祭りを見るということではなく，彼らが自ら古代人に扮装して一連の儀式に参加することにより，その効果が高まっていることは明らかである。

地域の祭りへの参加が地域アイデンティティの芽生える契機となるという点については，当然のことながら「遺跡まつり」に限ったことでなく，全国各地で実施されている通常の祭り（祭礼），さらに岡山県の「桃太郎まつり」（加原 2004）のような観光行事として行われている祭りにもあてはまるものである。しかし，地域振興や町おこしとしての側面が強調されがちな地域の祭りと遺跡（埋蔵文化財）を結び付けた町おこし型の「遺跡まつり」の効果として，地域アイデンティティの創出が想定できることは十分認識しておく必要がある。前述した文化庁の報告において埋蔵文化財の「地域および教育的資産としての意義」として「地域のアイデンティティの確立」があげられているが，それを通常の遺跡などの埋蔵文化財の普及活動で成し遂げることは容易ではなく,「遺跡まつり」にその役割を担うことが期待されるのである。

おわりに

近年，わが国の考古学界では考古学と社会に関わる諸問題を扱う新たな研究分野として「パブリック・アーケオロジー」（public archaeology）が注目されている（松田・岡村 2012）。「パブリック・アーケオロジー」は，2006（平成18）年に『共生の考古学─過去との対話，遺産の継承』というテーマで世界考古学会議（WAC）中間会議大阪大会（世界考古学会議中間会議大阪大会実行委員会事務局 2006）が開催され，その中で「パブリック考古学─考古学は誰のためのものか」というセッションが設けられたことにより，わが国でも関心が高まった。「パブリック・アーケオロジー」は「考古学と社会との関係を研究し，その成果に基づいて，両者の関係を実践を通して改善する試み」（松田・岡村 2012：21 頁）とされ，国内外の考古学政策，考古学と教育，考古学と政治・経済，考古学と民族，考古学と観光など考古学と社会に関わる様々な問題を扱っている。本節で検討した「遺跡まつり」は「パブリック・アーケオロジー」の一部として位置づけられるとともに考古学と地域社会の関係を探る重要な研究テーマの一つである。今後は既に紹介した「観光考古学」だけでなく，本節で扱った町おこし型の「遺跡まつり」についても遺跡活用の一つの方法として取り上げ，開催の意義やその効果について積極的に議論していく必要があろう。

第3節　遺跡まつりの新展開

はじめに

筆者は，以前からわが国の遺跡と現代社会の関係について関心を持ち，その繋がりを示す様々な資料を収集・分析してきた（櫻井 2014b・2015・2016c・2021）。その中でも地域に存在する古墳や貝塚などの遺跡が契機となって開催されるようになった「遺跡まつり」について現地調査を開始したのが2005（平成17）年のことであり，その後「遺跡まつり」に関するいくつかの研究成果を発表した（桜井 2006b・2009，櫻井 2014a・2016a・b）。また，「遺跡まつり」には地域の文化財としての遺跡の周知や遺跡を利用した地域の活性化といった側面だけでなく，まつりに参加することによって地元の小・中学生に地域アイデンティティが創出されるという観点からも考察を加えた（櫻井 2014a）。

これに対し，長年にわたって全国の遺跡まつりの調査・見学を実施するなかで，最近になって全国各地で開催されている「遺跡まつり」に変化が生じていることを感じている。そこで本節では，2010年代頃までの「遺跡まつり」の開催状況について簡単にまとめたうえで，最近の「遺跡まつり」にみられる新たな傾向とその背景について，主に考古学ブームという観点から若干の考察を試みてみたい。

1.「遺跡まつり」の現状

「遺跡まつり」とは，「○○遺跡まつり」あるいは「○○古墳まつり」などと称される全国各地の遺跡や古墳などで開催される地域イベントであり，現在全国100カ所以上で開催されている（櫻井 2016b）。通常，「遺跡まつり」には様々な組織や団体が関わるが，まつりの主催者で最も多いのが実行委員会，それ以外では地元自治体，教育委員会，NPO法人，博物館，埋蔵文化財センターなどであり，後援は地方自治体，教育委員会，観光協会，商工会などが多い。次に，催し物としては，教育委員会や博物館などが主体となる場合は遺跡説明会，体験型のイベントである火おこし・勾玉つくり・土器づくり・弓矢体験・古代食体験などがある。興行的な色彩が強い「遺跡まつり」では遺跡に関連するイベントは一部であり，遺跡とは直接無関係のダンスや郷土芸能，各種コンサート，移動動物園，さらには地元物産販売やフリーマーケット，花火の打ち上げなどが実施されることが多い。

2016（平成28）年にインターネットで検索・集計したところによると，「遺跡まつり」の開催地域は北海道・東北地域が33％と全体の1／3を占め，次いで関東地方が21％，九州・沖縄地方が15％などとなっており，「遺跡まつり」の開催が盛んな地域は東高西低である（第34図）。また，「遺跡まつり」の開始年をみると，1980年代以前から開催されている事例は少なく1990年代からその数が増加し，2000年代や2010年代から開催されるようになった事例が過半数を占めることがわかる（第35図）。このような傾向の背景として，1990年代以降に多くの団体が参加する興行的色彩の強い地域イベントとしての「遺跡まつり」が定着したことがあげられる。

「遺跡まつり」はその規模や主催者，各種イベントの内容など実に様々であるが，ある程度の類型化は可能である。これについては以前に（Ⅰ）～（Ⅲ）の3類型を提示したことがある（第2節参照）。このうち（Ⅰ）は，興行的色彩の強い地域イベントの集合体である町おこし型の「遺跡まつり」，（Ⅲ）は埋蔵文化財や文化遺産としての遺跡の重要性を認識してもらうことを目的にした教育普及型の「遺跡まつり」，そして（Ⅱ）は両者の中間型に位置付けられる「遺跡まつり」である（第36図）。こうした「遺跡まつり」の類型化を試みたのは，2009（平成21）年に開催された文化遺産活用に関するシンポジウムの際であったが（桜井2009），その後各地で開催される「遺跡まつり」の増加に伴って「遺跡まつり」のあり方が多様になり，主催者や参加者，さらには開催される催し物に変化がみられるようになった。その中でも近年になって新たに登場した「遺跡まつり」として現在注目しているのが「○○フェス」や「○○フェスタ」と称されるフェス系「遺跡まつり」である（第36図の※部分）。

第33図　全国で開催されている「遺跡まつり」のチラシやポスター

2. 新たな「遺跡まつり」の出現

(1)「まつり」から「フェス」へ

本節では，地域に残る古墳や貝塚などの遺跡で開催されるまつり[1)]を「遺跡まつり」と記述したが，最近になって従来のものとは異なる印象を受けた「遺跡まつり」が「○○フェス」や「○○フェスタ」と称されるフェス系「遺跡まつり」である。周知のように，「フェス」は「フェスティバル」(festival)から来ているが，「フェスティバル」は祭礼や祭典，祝日や祭日，文化的催しなどを意味している。「カーニバル」(carnival)も祭礼や祝祭を意味するが，こちらは通りを使ったパレードや皆で参加して楽しむ祭りであり，見て楽しむ「フェスティバル」とは異なる。また，わが国ではフェスやフェスタというと音楽イベントやアートイベントをイメージするのが一般的である。

フェス・フェスタ・フェスティバルという名称を使用している「遺跡まつり」としてあげられるのが，東北地方の「三内丸山遺跡縄文アートフェスタ」(青森県三内丸山遺跡)，「縄文の森フェスタ冬のコンサート」(岩手県御所野遺跡)，「地底の森フェスタ」(宮城県富沢遺跡)，「JOMON　ARTフェスタ(秋田県大湯環状列石，伊勢堂岱遺跡)」，関東地方の「縄文体験フェスティバル」(千葉県堀之内貝塚)，九州地方の「古代の謎フェスティバル」(福岡県王塚装飾古墳)，「大友氏遺跡フェスタ」(大分県大友氏館跡)などであるが，県レベルで開催され

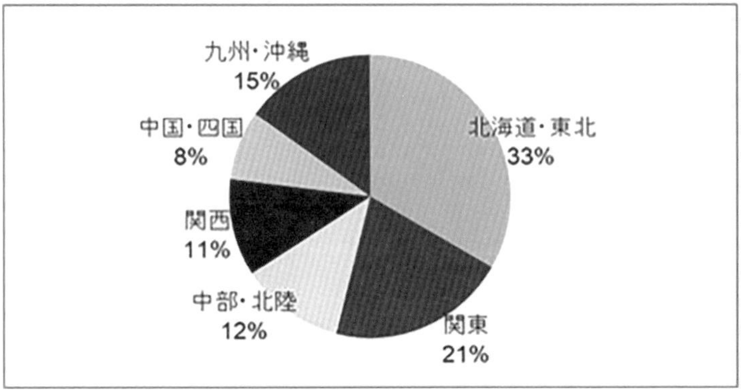

第 34 図　「遺跡まつり」の開催地域（N＝126）

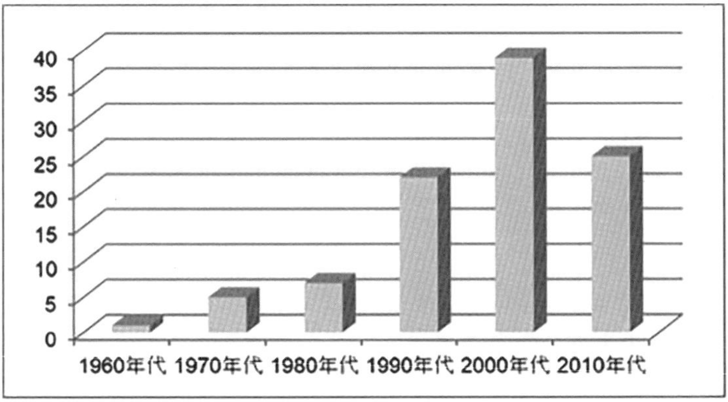

第 35 図　「遺跡まつり」の初回開催年（2016 年の集計）

るイベントである「あおもり JOMON フェスタ」（青森県），「縄文フェス信濃川流域の火焔型土器と雪国の文化」（新潟県），「群馬古墳フェスタ」（群馬県）などにもフェスやフェスタが用いられている。こうしたフェス・フェスタ・フェスティバルといった名称の使用については 2002（平成 14）年の「縄文の森フェスタ 2002」（岩手県御所野遺跡）が比較的古い事例であると思われる。わが国の「遺跡まつり」においては当初，コンサートやアートイベントにフェスやフェスタの名称が使われる傾向があったが，近年の流行や目新しさから

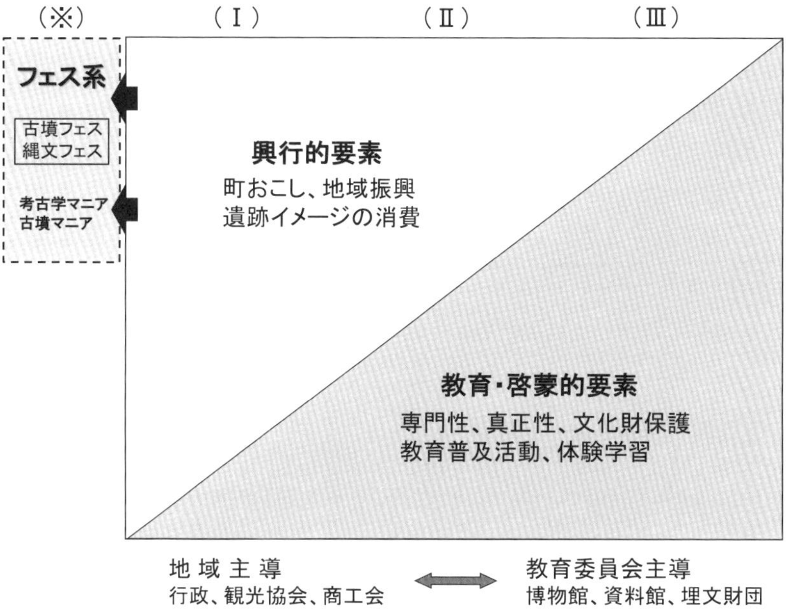

第36図 「遺跡まつり」の類型

「遺跡まつり」にフェス・フェスタ・フェスティバルの名称が使用されるようになったと考えられる。

このような「遺跡まつり」をめぐる現状の中で，遺跡を活用した地域振興という要素を踏襲しながら，アートイベントや音楽イベントに加えて若者を中心に増加している考古学マニアをターゲットとしてグッズ販売を行う店舗が重要な位置を占める新たな「遺跡まつり」が登場している。

(2)「古墳フェス　はにコット」の事例

新たに登場した「遺跡まつり」の事例としてあげられるのが，「アートと古墳のフェス」として2012（平成24）年より大阪府高槻市今城塚古墳公園で開催されている「古墳フェス はにコット」である（写真74）。ちなみに「はにコット」は「はにわ」（埴輪）＋「マスコット」の意味で「マスコット」には「人々に幸運をもたらすと考えられている人・動物・物」という意味があり，「はにわ」（埴輪）がそのマスコットになることを願って「はにコット」

と命名したという（実行委員会ホームページより）。このように「古墳フェス」という表現や，開催地の古墳名（今城塚古墳）を使用せずに若者受けする「はにコット」と命名している点が特徴的である。

「古墳フェス　はにコット」の来場者は第1回（2012年4月）には3000人程度であったが，現在では約3万人に増加している（第37図）。主催は，はにコット実行委員会，後援は大阪府高槻市，高槻市教育委員会，高槻市商工会議所，高槻市観光協会，協賛は地元企業や古墳にコーフン協会，会場は継体天皇陵とされている今城塚古墳の西側エリアであり，会場は大きくARTエリア，販売エリア，飲食店エリア，はにわステージ（ダンスや古代ゆるキャラ大集合などの催しを開催），音楽ステージに区分されている。現地調査を実施した2017（平成29）年の店舗数は，古墳作品展示販売が111店舗，古墳古代グルメブースが26店舗，ワークショップブースが20店舗，音楽ブースが2カ所・出演者30組であった。古墳周辺にはダンボール古墳村，ネオ古代の森，古代大迷路，はにわを作ろう！，遺跡発掘体験コーナーなどがあり，スペシャルショップのエリアでは大阪府弥生文化博物館や名古屋市志段味古墳群，古墳にコーフン協会などのブースやNPO法人高槻市文化財スタッフによる古墳ガイドの受付所があった。また，当日は天候にも恵まれ，会場は家族連れや若者で賑わっていた。

このフェス（「遺跡まつり」）では販売エリアや飲食店エリアの出店者には

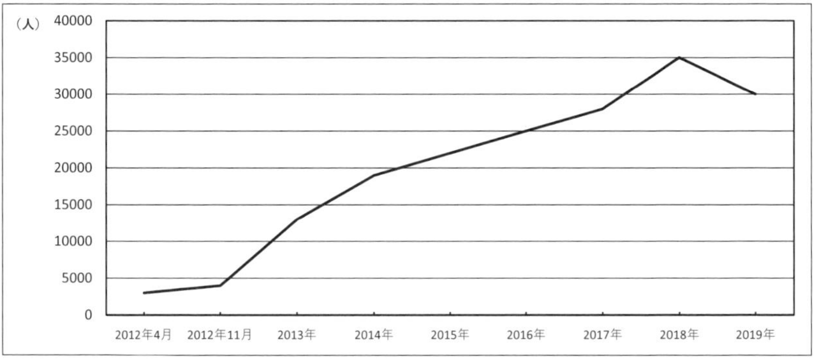

第37図 「古墳フェス　はにコット」の来場者数の推移

写真 74 「古墳フェス　はにコット」の開催風景（2017.11.26）

古墳・埴輪・古代がテーマの商品を必ず1点以上販売することが義務づけられている。また，「古代・古墳とアート表現の融合」により古墳グッズや古墳フードが生まれることから，このフェスは「アーティストの登竜門的フェス」として捉えられている。なお，このような考古学とアートの接近については，既に2000年代初めに現代アートと考古学の関係性について指摘したイギリスの考古学者レンフリューの著作（Renfrew 2003・2004）がある。これに対し，わが国では千葉県船橋市の飛ノ台史跡公園で2001（平成13）年から『縄文コンテンポラリーアート展in船橋』(2014年からは『縄文コンテンポラリー展in船橋』）が開催され，2006（平成18）年には青森県立美術館で『縄文と現代—二つの時代をつなぐ「かたち」と「こころ」』展が開催されている（古谷2019)。古谷嘉章によれば，その後「縄文と現代アートの交錯」の事例として2009（平成21）年の青森県三内丸山遺跡における『三内丸山アートフェスティバル・フィールド・ザ・ルーツ』，2012（平成24）年の長野県長和町における『ワンネス・キャンプ—縄文と再生』といったフェスがゲリラ的に開催されることによって考古学と現代アートの領域横断が拡大しているという。

このフェスの目玉は古墳や埴輪関連のグッズ販売であるが，近年では実に様々な古墳や考古学関連のグッズが販売されている（古墳にコーフン協会・藍寧舎・大蔵屋などのホームページ参照)。それらは博物館のミュージアムショップで販売されている遺物のレプリカやぬいぐるみ，トートバックやボールペン・クリアファイルなどの文房具とは異なり，アーティストが製作したマニアックな置き物や文房具などの小物をはじめ古墳リュックや古墳クッションなど多岐にわたるもので，「古墳フェス　はにコット」はこれらのグッズを製作する作家の作品発表と販売の場になっている。また，毎年今城塚古墳公園で実施される本フェス以外でも大阪市内の百貨店などでグッズ販売を中心とした古墳フェスが開催されている[2)]。

3.「遺跡まつり」と考古学ブーム

「古墳フェス　はにコット」はアートを中心に古墳や古代をテーマとした様々なイベントの集合体であり，従来の「遺跡まつり」とは様相が異なるものであるといえる。そして，埴輪や古墳関係のグッズの販売が大々的に行われているが，そこでは現代社会において新たな形で消費されている遺跡や遺物の姿を垣間見ることができる。例えば，そもそも「遺跡まつり」の会場にある古墳は当時の権力者の墓であり埴輪は墓に付属するものであるが，来場する若者にとってそこで販売されている埴輪などをモチーフとした物品類は，「かわいい」ものであり，「ゆるい」ものである。こうした傾向の背景には，2007（平成19）年の「ひこにゃん」が火付け役となった「ゆるキャラ」（ゆるいマスコットキャラクター）[3] のブームや，2006（平成18）年および2009（平成21）年に放映されたフロッグマン原作・制作によるアニメ作品『古墳ギャルのコフィー』で登場する擬人化された古墳の存在が想定される（櫻井2014b）。

また，こうした新たな現象は戦後の一連の考古学ブームとは一線を画すものであることも明白である。小川伸彦によれば，戦後の古代史ブームとしてあげられるのが，1959（昭和34）年の「埴輪ブーム」，1969（昭和44）年の「邪馬台国ブーム」（宮崎康平氏の『まぼろしの邪馬台国』刊行の2年後，松本清張氏の『古代史疑』刊行の翌年にあたる），1972（昭和47）年の高松塚古墳における壁画発見を発端とする「古代史ブーム」である（小川2002）。さらに，その後の全国的な発掘調査事例の増加とそれに伴う新たな発見によって遺跡がわが国で注目されるようになったが，1986（昭和61）年に発掘調査が始まった佐賀県吉野ヶ里遺跡（弥生時代）や1992（平成4）年に発掘調査が始まった青森県三内丸山遺跡（縄文時代）によって考古学ブームが引き起こされ，遺跡を観光資源として活用しようという動きがみられるようになった。全国の遺跡の現地説明会に多くの考古学ファンが足を運ぶようになったのもこの頃からである。その後，バブル経済崩壊の影響によって1990年代後半には発掘調査件数が減少し，2000（平成12）年に旧石器遺跡捏造事件（前期・中期旧石器時代遺跡捏造事件）が発覚してわが国の考古学界は逆境に立たされたが，それ以降も全国各地で地道な発掘調査が実施され，様々な調査研究の成果が公表されている。

これに対し，2010（平成22）年前後からわが国では考古学をめぐる新たな現象が生じている。2009（平成21）年に東京国立博物館で開催された『国宝土偶展』，2012（平成24）年にMIHO MUSEUMで開催された『土偶・コスモス展』，そして35万人が訪れた2018（平成30）年に東京国立博物館で開催された『縄文—1万年の美の鼓動』展などが契機となって「縄文ブーム」が起こっている。また，この時期には「土偶女子」と呼ばれる譽田亜紀子氏が

『はじめての土偶』（譽田 2014）を出版し，フリーペーパー『縄文 ZINE』（縄文 ZINE 編集部 2015～）が創刊され，2018（平成 30）年に開催された『縄文―1 万年の美の鼓動』展が多くの雑誌で取り上げられている（ダイアプレス㈱ 2018，都市出版㈱ 2018，目の眼㈱ 2018 など）。さらに，2019（平成 31）年には縄文研究者など縄文時代に関わる様々な人々を取り上げたドキュメンタリー映画『縄文にハマる人々』（山岡信貴監督，リタピクチュアル）[4] も公開されている。古墳についても 2013（平成 25）年に「古墳女子」であり古墳を題材にした楽曲[5] を多く発表しているブルースシンガーのまりこふん氏が「古墳にコーフン協会」を設立し，2014（平成 26）年には『まりこふんの古墳ブック』（まりこふん 2014a）を刊行している。

このように，2010 年代はわが国で新たな考古学ブームが生まれた時期であったが，こうした現代の「縄文ブーム」や「古墳ブーム」が以前と異なる特徴として，従来のような比較的年齢層の高い考古学愛好家や歴史愛好家が中心となったブームではなく，考古学にはあまり詳しくない一般の人々や若者を中心にこうした現象が生まれていることがあげられる。インターネット上で盛んに取り上げられている「古墳女子」，「埴輪女子」，「土偶女子」，「縄文女子」などと呼ばれる人々が実際にどの程度存在しているかは不明であるが，こうした現象の背景には 2005（平成 17）年以降の歴史系のゲームやアニメの大ヒットにみられるポップカルチャーの影響，「歴女」・「仏女」・「城ガール」，さらには 2015（平成 27）年の新語・流行語大賞にもノミネートされた「刀剣女子」など若い女性を中心とする新たな流行現象の影響があったことが想定される。

おわりに

2010 年代になって，わが国の「遺跡まつり」にも新たな考古学ブームの影響がみられるようになったことは，遺跡や考古学と現代社会の関係を考えるうえで興味深い現象である。本節で紹介したようなアートや音楽のイベントやグッズ販売を中心とするフェス系の「遺跡まつり」もその一つであるが，これらの「遺跡まつり」は以前のものと比較すると地域の古墳や遺跡といったサイトスペシフィックな要素（在地性）が希薄となってしまう可能性を指摘できる。このことはその名称に地元の「まつり」ではなく不特定多数の人間が集まるイメージのある「フェス」が使用されていることにも反映されているように思われる。また，こうした「遺跡まつり」の新たな展開の背景に最近の若者を中心とした新たな考古学ブームの存在があると推測されるが，学問としての考古学とは別次元で遺跡や遺物が一方的に流用あるいは消費されることに対して，わが国の考古学者にも様々な反応がある6)。

遺跡とそれを取り巻く社会の関係を考えてゆくためには，遺跡を活用した町おこしや遺跡の観光利用（坂詰 2012）といった問題に限らず，過去あるいは現在において遺跡がどのように認識され利用されてきたか検討することもわが国の考古学にとって重要な研究課題である（桜井 2011）。その意味で，本節で取り上げた全国各地で実施されている「遺跡まつり」について検討することは，遺跡と現代社会の関係を知るための契機となるのである。

註

1)「祭」や「まつり」という表現については，地方自治体が使い分けをしていることがある。例えば，埼玉県川越市では神事を伴う氷川神社の「例大祭・神幸祭」（10月14・15日開催）には「祭」を使用し，本来神幸祭の付け祭りである「川越まつり」（10月第3土日曜日開催）や「百万灯まつり」などイベント系の祭りには「まつり」を使用している。

2) 具体的には，2017（平成29）年8月「古墳・はにわフェス」（うめだ阪急百貨店），9月「古墳・はにわフェス in 高槻西武百貨店」，2018（平成29）年4月「古墳・はにわフェス in 高槻西武百貨店」，8月「古墳・はにわフェス 2～まるで古墳のドリームランド！～」（うめだ阪急百貨店），9月「古墳・はにわフェス in 高島屋東堺店」，10月「古墳・はにわフェス in 高槻西武百貨店」，2019（平成31）年4月「古墳フェス in 高槻西武百貨店」，8月「古墳・はにわフェス 3～百貨店最大規模の古墳はにわフェス～」（うめだ阪急百貨店），2020（令和2）年9月「古墳フェス in うめだ阪急百貨店」などである。

3)「ゆるキャラ」はイラストレーターのみうらじゅん氏が命名したものであるが（「ゆるキャラ」は扶桑社とみうらじゅん氏によって商標登録されている），みうらじゅん氏は「ゆるキャラ」の定義について「ゆるキャラとは全国各地で開催される地方自治体主催のイベントや，村おこし，名産品などの PR のために作られたキャラクターのこと。特に着ぐるみとなったキャラクターを指す」（みうら 2004）と述べている。

4）本作品公開時の山岡信貴監督の舞台挨拶で披露された逸話の中で興味深かったものとして，作品に登場した縄文研究者に縄文にハマった理由について尋ねたところ，何人もの研究者が「仕事だから」と答えたという話があげられる。

5）まりこふん氏の作品としては，2014（平成 26）年リリースの『古墳 de コ—フン！』（「古墳 de コーフン !」，「箸墓古墳の歌～卑弥呼★ ShiningStar～」，「遥かなる石舞台」，「キトラ永遠に…」，「オブサンベイベー」，「さきたまの悲劇 part Ⅰ」，「麗しの仁徳陵」，「ハニワのブルース」）や 2018（平成 30）年リリースの『装飾古墳』（「K.O.F.N. ！」，「装飾古墳」，「新原・奴山古墳群の歌」，「熊野神社古墳の歌」，「大安場古墳の歌」，「しだみこぷんぷん」，「イキイキ！生目古墳群」，「come come* はにコット」，「仁徳陵に逢いたくて」）がある。また，ポピュラー音楽では，歴史好きのミュージシャン池田貴史氏のソロ・ユニットであるレキシが 2007（平成 19）年にアルバム『レキシ』を発表している。考古学に関連する楽曲としては，2nd アルバム『レキツ』（2011 年リリース）の「狩りから稲作へ」，3rd アルバム『レキミ』（2012 年リリース）の「ハニワニハ」，「古墳へ GO ！」，5th アルバム『V キシ』（2016 年リリース）の「旧石器ベイベ」がある。

6）現在のわが国の縄文時代研究を牽引する山田康弘氏は，縄文ブームについて著書の解説（山田 2018）で触れているが，その後講談社の『縄文時代の歴史』（山田 2019a）を執筆した経緯について記したインターネット記事の中で，近年の縄文ブームについて以下のように述べている（山田 2019b）。

> 空前の縄文ブーム！　しかし……
>
> 2018 年の夏は，縄文ブームだった。東京国立博物館で行われた特別展「縄文　1 万年の美の鼓動」は 35 万人もの入場者を集め，これと連動して縄文時代関連の書籍や雑誌が多数刊行されたほか，縄文土器や土偶をモチーフにした T シャツや文具など，多くの縄文グッズも販売された。さらには，縄文時代に関わる人々を取り上げた映画『縄文にハマる人々』も公開され，多くの観客を動員した。また，その少し前から，何かスピリチュアルなもの，アナクロなもの，アンシンメトリカルなもの，エコロジカルなもの，自然志向のもの，そのようなものを形容する言葉として縄文を頭に付けて，「縄文〇〇」と呼ぶ，現代版「縄文文化」も数多く見られるようになった。このような動向を，縄文時代・文化が学術的な領域を超えて一般化したもの

として喜ぶ向きもある。しかし，そこで語られる縄文時代像の中には，研究者から見て必ずしも考古学的事実に即したものではなく，思わず眉をひそめるようなものもあることは間違いない。くわえて，今回の縄文ブームは，**特定の遺跡の保護活動などとは，ほぼ無縁であった**ということも，その特徴としてあげることができる。これまでにも，青森県三内丸山遺跡や鹿児島県上野原遺跡といった重要な遺跡の発見時などに，縄文ブームは起こっている。そして，それらのブームは当該遺跡の保存運動とも連動し，埋蔵文化財保護の機運を高めることにも一役買ってきた。しかしながら，今回の縄文ブームには，そのような動向はほとんど見られなかった。縄文を面白いものとして，「遊び心」を満たすためのツールとして利用している傾向が強く，様々な媒体に登場する縄文時代・文化に対する理解も，都合の良い部分のみがピックアップされた，表層的なものにとどまるものが多かった。その一方で，関東近県では，縄文ブームの最中に，**学術的にも重要な意義を持った遺跡が，一度も外部に情報公開されることなく，開発のために破壊・消滅させられる**という「事件」が起きていたことは，ほとんど知られていない。今回の縄文ブームは，遺跡の保存に対して何の効果もなかったことは記憶しておいてよいだろう。

引用・参考文献

相子幸三 1995「古代と 21 世紀を結ぶ原人まつり：教育・文化と地域づくり 34」『文部時報』No.1417

明石町遺跡調査会 2003『東京都中央区 明石町遺跡』

阿子島 香 1989『石器の使用痕』ニュー・サイエンス社

吾妻考古学研究所 2012『神奈川県横須賀市　長岡南遺跡―発掘調査報告書―』

池上 修・池上和子 2018『町自慢，マンホール蓋 700 枚。』論創社

池田光穂 1996「遺跡観光の光と影」石森秀三（編）『観光の二〇世紀』ドメス出版

石橋啓一郎 2016『埼玉のアナ　東上沿線 和光―川越編』まつやま書房

伊藤 純 2002「期待と現実―考古遺物と小学生―」『研究紀要』第 1 号，大阪歴史博物館

井上忠司（編）1999『講座 食の文化　第 5 巻 食の情報化』（財）味の素食の文化センター

井上忠司・石毛直道（編）1990『食事作法の思想』ドメス出版

岩井宏實（編）1989「在来民具の再生と継承」『民具が語る日本文化』河出書房新社

岩井宏實（編）1994『民具の世相史』平凡社

岩井宏實（文）・中林啓治（イラスト）2001『ちょっと昔の道具たち』河出書房新社

WEB アクロス編集室／パルコ（編）2003『トーキョー・リアルライフ 42 人の消費生活』実業之日本社

江戸遺跡研究会（編）2001a『図説　江戸考古学研究事典』柏書房

江戸遺跡研究会（編）2001b『江戸遺跡研究会第 14 回大会　食器にみる江戸の食生活〔発表要旨〕』

エリクソン・E・H（中島由恵訳）2017『アイデンティティ：青年と危機』新曜社

遠藤 登ほか 1992『聞き書　神奈川県の食事』農山漁村文化協会

小笠原忠統（監修）1996『恥じをかかない和食のマナー手帳』小学館

岡本健一 1996『古代の光―歴史万華鏡』三五館

岡本祐子（編著）2002『アイデンティティ生涯発達論の射程』ミネルヴァ書房

小川伸彦 2002「ブームとしての古代史」荻野昌弘『文化遺産の社会学』新曜社

柏木 博・小林忠雄・鈴木一義（編）2000『日本人の暮らし―20 世紀生活博物館』

講談社
片桐新自（編）2000『歴史的環境の社会学』新曜社
香月洋一郎 1986「農家の納屋と財産目録」『民具マンスリー』19 巻 6 号
家庭総合研究会 1990『昭和家庭史年表』河出書房新社
神奈川県考古学会 2004『考古から近世・近代へのアプローチ―神奈川県内の遺跡を中心にして―』
加原奈穂子 2004「地域アイデンティティ創出の核としての桃太郎―岡山における桃太郎伝説の事例から―」『日本民俗学』236 号
神崎宣武 1993「主食の食習慣と調理用具・食器」『日本民具学会論集 7　食生活と民具』雄山閣
神崎宣武 1996『「うつわ」を食らう 日本人と食事の文化』日本放送出版協会
関東農政局神奈川統計情報事務所 1973『松輪の釣り漁業』
関東農政局神奈川統計情報事務所横須賀出張所 1976『三浦地域における農業と漁業の実態』
ギャンブル . C. 著，田村隆訳 2004『入門現代考古学』同成社
葛生町史編さん室 1973『葛生町史』
葛生町商工会青年部広報委員会編 1989『'88 くずう原人祭り「21 世紀の古代ロマン」記録集』
葛生町むらおこし事業実行委員会 1996『むらおこし 10 年』
朽木　量 2003「「ゴミ穴」に立つ地蔵―神奈川県三浦市の事例―」日本民俗学会『日本民俗学会第 55 回年会発表要旨』
久保道正 1991『家電製品にみる暮らしの戦後史』ミリオン書房
熊倉巧夫 1984「礼法書よりみた作法の変遷」『現代日本文化における伝統と変容 1 暮らしの美意識』ドメス出版
熊倉巧夫 1999a「日本の食事作法」井上忠司（編）『講座 食の文化　第五巻 食の情報化』（財）味の素食の文化センター
熊倉巧夫 1999b『文化としてのマナー』岩波書店
倉石忠彦 1990『都市民俗論序説』雄山閣
栗田靖之 1977「物質文化から見た現代家庭」『国立民族学博物館研究報告』2 巻 4 号
栗田靖之 1978「生活財から見たライフ・スタイル研究」日本生活学会（編）『住生活と地域社会』ドメス出版
栗原 彬 1982『歴史とアイデンティティ―近代日本の心理＝歴史研究』新曜社
小泉和子 1994「暮らしの道具」『岩波講座　日本通史　第 13 巻近世 3』岩波書店

小泉和子 1995『室内と家具の歴史』中央公論社
小泉和子 1998『台所なつかし図鑑』平凡社
高度経済成長を考える会（編）1985～86『高度成長と日本人』日本エディタースクール出版部
国際航業株式会社 2005a『シンポジウム「文化遺産の世界」創刊 5 周年記念　観光考古学Ⅱ　日本の遺跡の活用と観光を考える』
国際航業株式会社 2005b『シンポジウム記録集　観光考古学　記録と展望』
国民禮法振興会（編）1942『皇民禮法精典』軍事教育社
国立歴史民俗博物館（編）2010『高度成長と生活革命』
小嶋独観 2014『ヘンな神社＆仏閣巡礼』宝島社
小菅桂子 1997『近代日本食文化年表』雄山閣出版
「古墳ブームにみる遺跡活用の将来像」研究グループ 2017『平成 29 年度大阪大学未来基金学部学生による自主研究奨励事業「古墳ブームにみる遺跡活用の将来像」研究成果報告書』
小山修三 1996a「遺跡の民族学―カナダ北西海岸先住民」『季刊民族学』76
小山修三 1996b「カナダ先住民社会の考古学遺跡と観光」石森秀三（編）『観光の 20 世紀』ドメス出版
譽田亜紀子（武藤康弘監修）2014『はじめての土偶』世界文化社
譽田亜紀子（新津 健監修）2016『ときめく縄文図鑑』山と渓谷社
譽田亜紀子 2017『土偶界へようこそ』山川出版社
近藤雅樹 2002「民具の定義とイメージ」『講座日本の民俗学 9　民具と民俗』雄山閣
近藤義郎・佐原 真 1983『大森貝塚』岩波書店
今和次郎・吉田謙吉 1930『モデルノロヂオ 考現学』春陽堂（1986 年に学陽書房により復刻）
今和次郎・小澤省三 1930「カケ茶碗多数」今和次郎・吉田謙吉『モデルノロヂオ〔考現学〕』春陽堂（1986 年に学陽書房により復刻）
今和次郎 1971『考現学―今和次郎集　第 1 巻』ドメス出版
坂詰秀一 2004「観光考古学の可能性」『文化遺産の世界』vol.14
坂詰秀一 2011「観光考古学生い立ちの記」『考古学ジャーナル』609 号
坂詰秀一（監修）2012『考古調査ハンドブック 7　観光考古学』ニューサイエンス社
坂詰秀一（監修）・石造文化財調査研究所（編）2011『石造文化財への招待』ニューサイエンス社

桜井準也 1997「高度経済成長期の考古学―都市近郊農村の事例から―」『民族考古』第 4 号
桜井準也 2000「近代遺物の表象―機能・記号・身体―」『メタ・アーケオロジー』第 2 号
桜井準也 2002「近世・近代考古学と生活財研究―遺物組成と使用期間の問題をめぐって―」『民族考古』第 6 号
桜井準也 2003「生活財の変遷からみた村の近代化―神奈川県三浦市の発掘調査事例を通じて―」日本民俗学会『日本民俗学会第 55 回年会発表要旨』
桜井準也 2004a『モノが語る日本の近現代生活―近現代考古学のすすめ―』慶應義塾大学出版会
桜井準也 2004b「石器の認知」『知覚と認知の考古学』雄山閣
桜井準也 2005「近代食器の使用痕分析―食事における動作と作法の復元に向けて―」三田史学会『史学』第 73 巻 4 号
桜井準也 2006a「日常的実践としての石器製作―製作者の「判断」の問題をめぐって―」メタ・アーケオロジー研究会『メタ・アーケオロジー』第 5 号
桜井準也 2006b「消費される遺跡，継承される遺跡―「くずう原人まつり」にみる遺跡の活用―」『東邦考古』30 号
桜井準也 2006c『ガラス瓶の考古学』六一書房（増補版 2019）
桜井準也 2007a「近現代遺物研究と消費理論」鈴木公雄ゼミナール（編）『近世・近現代考古学入門』慶應義塾大学出版会
桜井準也 2007b「聞き取り調査，モノの記憶―近現代考古学の方法をめぐって」小川 望・小林 克・両角まり（編）『考古学が語る日本の近現代』同成社
桜井準也 2007c「近現代の貝塚にみる漁民の暮らし―神奈川県三浦市における調査事例から―」文化財保存全国協議会『明日への文化財』57 号
桜井準也 2007d「下原・富士見町遺跡出土食器の使用痕観察」『明治大学校地内遺跡調査団年報 4』
桜井準也 2009「文化資産としての遺跡―遺跡まつりと町おこし―」『シンポジウム 文化資産の活用と地域文化政策の未来 論文集』ヘリテージ・スタディーズ研究会
櫻井準也 2010「モノから日本の近代生活を探る―階層・ライフスタイル―」国際常民文化研究機構・神奈川大学日本常民文化研究所『国際常民文化研究機構　第 2 回国際シンポジウム“モノ”語り―民具・物質文化からみる人類文化―』
桜井準也 2011『歴史に語られた遺跡・遺物　認識と利用の系譜』慶應義塾大学出版会

櫻井準也 2014a「遺跡まつりと地域アイデンティティ―「芝山はにわ祭」の事例分析から―」『尚美学園大学総合政策研究紀要』第 24 号
櫻井準也 2014b『考古学とポピュラー・カルチャー』同成社
櫻井準也 2015「考古学とポピュラー音楽―考古学と大衆文化をめぐる新たな動向―」『湘南考古学同好会々報』140 号（35 周年記念号）
櫻井準也 2016a「現代考古学の一側面―遺跡活用の方途―」『考古学ジャーナル』690 号
櫻井準也 2016b「遺跡祭りと地域活性―千葉県芝山はにわ祭を中心に―」『日本民俗学会第 68 回年会発表要旨集』
櫻井準也 2016c「考古系造形物の世界」『東邦考古』40 号
櫻井準也 2018a「発掘された高度経済成長期の消費生活」「尚美学園大学総合政策論集』第 26 号
櫻井準也 2018b「中の文化―近・現代―」日本考古学協会編『日本考古学・最前線』雄山閣
櫻井準也 2021『マンガと考古学　その親密な関係を探る』六一書房オンデマンドライブラリー
桜井準也・朽木　量・藤山龍造・浅川範之 2004「三浦半島における近現代貝塚の調査（1）―出土遺物からみた漁村生活の変遷―」日本考古学協会『日本考古学協会第 70 回総会研究発表要旨』
佐藤啓介 2016「アートな考古学の風景　⑤アートと考古学の協働を複数化する」『考古学研究』63 巻 2 号
佐原 真 1983「食器における共用器・銘々器・属人器」『文化財論叢―奈良国立文化財研究所創立 30 周年記念論文集―』
澤村 明 2010『文化遺産と地域経済』同成社
澤村 明 2011『遺跡と観光』同成社
三才ブックス（編）2008「くれふしの里古墳公園　はに丸タワー」『ワンダー JAPAN』7 号
三才ブックス（編）2009「木造駅」『ワンダー JAPAN』10 号
GK 研究所 1980『図説 台所道具の歴史』柴田書店
芝山町立芝山古墳・はにわ博物館 2012『はにわと共に生きる町―殿塚・姫塚古墳調査の過去・未来―』
島 亀三郎 1935『國民作法讀本』西東社出版部
宗臺秀明 1995「長谷観音堂周辺遺跡」『平成 6 年度発掘調査報告』鎌倉市教育委員会

主婦之友社 1934『家庭作法寶典』主婦之友（新年號）附録
商品科学研究所 1983『生活財生態学Ⅱ』
縄文 ZINE 編集部 2015～2020『縄文 ZINE』1～11
新宿区立新宿歴史博物館 2021『四谷塩町からみる江戸のまち―近世考古学の世界―』
鈴木公雄 1981「縄文工人の世界〈上〉」講談社『本』1981 年 7 月号（鈴木公雄 2005『考古学はどんな学問か』東京大学出版会に転載）
鈴木公雄 1989『貝塚の考古学』東京大学出版会
鈴木公雄ゼミナール（編）2007『近世・近現代考古学入門』慶應義塾大学出版会
鈴木出版マンホール研究会（編）2020a『マンホール大百科　東日本編』鈴木出版
鈴木出版マンホール研究会（編）2020b『マンホール大百科　西日本編』鈴木出版
須田英一・桜井準也・津村宏臣・藤山龍造 2003「漁村の考古学―三浦半島における近現代貝塚の調査―」日本考古学協会『日本考古学協会第 69 回総会研究発表要旨』
須田英一・津村宏臣・渡辺直哉・山崎 健 2004「三浦半島における近現代貝塚の調査（2）―周辺環境と資源利用―」『日本考古学協会第 70 回総会研究発表要旨』日本考古学協会
世界考古学会議中間会議大阪大会実行委員会事務局 2006『共生の考古学―過去との対話, 遺産の継承　世界考古学会議中間会議大阪大会 2006 プログラム・要旨集』
石器技術研究会（編）2004『石器づくりの実験考古学』学生社
セミョーノフ（田中琢抄訳）1968「石器の用途と使用痕」『考古学研究』14 巻 4 号
総合研究開発機構 1988『生活水準の歴史的分析』
ダイアプレス㈱ 2018『DIA Collection いま蘇る縄文』ニューサイエンス社
滝口 宏 1956「千葉県芝山古墳群調査速報」『古代』第 19・20 合併号
滝口 宏・久地岡榛雄 1963『はにわ』日本経済新聞社
ダグラス. M., イシャーウッド. B. 著, 浅田彰・佐和隆光訳 1984『儀礼としての消費』新曜社
鑪 幹八郎 2002『アイデンティティとライフサイクル論』ナカニシヤ出版
だて噴火湾縄文フェスタ実行委員会（編）2002『縄文の声を聴いた 10 日間―縄文フェスタ奮戦記―』
田中宣一 1987「道具の供養―不要道具の処分法にみる民具観―」『民具マンスリー』第 20 巻 4 号
玉里村立史料館 2001『近現代遺跡, 発掘！』（展示図録）
辻井善弥 1977『磯漁の話』北斗書房
津田良樹 2003「明治・大正期における農村の住環境について―神奈川縣農会にお

ける村是調査書等を中心に―」神奈川大学日本経済史研究会編『日本地域社会の歴史と民俗』雄山閣
都築響一 2003『TOKYO　STYLE』筑摩書店
都築響一 2005『賃貸宇宙 UNIVERSE for RENT』筑摩書店
都出比呂志 1986「日本考古学と社会」近藤義郎・横山浩一（編）『岩波講座　日本考古学 7 現代と考古学』岩波書店
東京都埋蔵文化財センター2020『四谷一丁目遺跡』
都市出版㈱ 2018「特集　tokyo 縄文散歩」『東京人』399 号
冨永樹之 2001「近代の染付飯茶碗の変遷―現代飯碗の起源―」『青山考古』第 18 号
直良信夫 1952「葛生前河原洞窟と同所出土の人類化石骨」『考古学雑誌』38 巻 2 号
直良信夫 1995『学問への情熱』岩波書店
長井謙治（編）2019『ジョウモン・アート　芸術の力で縄文を伝える』雄山閣
長佐古真也 2002「「お茶碗」考」『国立歴史民俗博物館研究報告』第 94 集
中園 聡 2017「弥生土器製作と製作者」安斎正人（編）『理論考古学の実践 1 理論篇』同成社
中園 聡・平川ひろみ 2013「人工物から個人にせまる」『季刊考古学』第 122 号
中西裕見子・岡村勝行 2004「英国における文化遺産研究の理論と実践」『遺跡学研究』第 1 号
中鉢正美（編）1986『生活学の方法』ドメス出版
日本生活学会（編）1999『台所の 100 年』ドメス出版
日本民具学会（編）1997『日本民具辞典』ぎょうせい
林 丈二 1984『マンホールのふた〈日本編〉』サイエンティスト社
疋田正博 1986「モノから暮らしを見る」中鉢正美編『生活学の方法』ドメス出版
藤山龍造 2004「考古学からみた近現代の漁村」『考古から近世・近代へのアプローチ』神奈川県考古学会
藤山龍造・桜井準也 2003「ゴミ穴から塚へ―三浦半島における近現代貝塚の調査から―」江戸遺跡研究会『江戸遺跡研究会第 16 回大会　遺跡からみた江戸のゴミ〔発表要旨〕』
藤山龍造・渡辺直哉・朽木量・須田英一・桜井準也 2003「近現代考古学の可能性―三浦半島における貝塚の調査から―」神奈川県考古学会『第 27 回神奈川県遺跡調査・研究発表会 発表要旨』
古島敏雄 1996『台所用具の近代史』有斐閣
ブルデュー. P. 著，石井洋二郎訳 1990『ディスタンクシオン』藤原書店

古谷嘉章 2019『縄文ルネッサンス　現代社会が発見する新しい縄文』平凡社

ベレッタ ピー07 2007『東京外国人 Tokyo Foreigners』雷鳥社

ホブズボウム・レンジャー（編）（前川・梶原他訳）1992『創られた伝統』紀伊国屋書店

埋蔵文化財行政研究会 2002『平成 14 年度第 3 回埋蔵文化財行政研究会発表要旨　遺跡の整備と活用の実態』

埋蔵文化財行政研究会 2003『遺跡の保存と活用―シンポジウム記録集―』

埋蔵文化財発掘調査体制等の整備充実に関する調査研究委員会 2007『埋蔵文化財の保存と活用（報告）―地域づくり・ひとづくりをめざす埋蔵文化財保護行政―』

マクラッケン. G. 著，小池和子訳 1990『文化と消費とシンボルと』勁草書房

真島俊一 1986「住まいと道具―佐渡の生活変遷の推定」中鉢正美編『生活学の方法』ドメス出版

松田 陽 2005「パブリック考古学の遺跡への導入―英国の事例考察および日本におけるその適用の可能性―」『遺跡学研究』第 2 号

松田 陽・岡村勝行 2005「パブリック考古学最前線（1）　パブリック考古学の成立と英国における発展」『考古学研究』52 巻 1 号

松田 陽・岡村勝行 2012『入門パブリック・アーケオロジー』同成社

松田延一 1985『高度経済成長下の国民生活―高度経済成長下における国民生活の変化―』中部日本教育文化会

マテリアルワールド・プロジェクト（代表ピーター・メンツェル，近藤真理・杉山良男訳）1994『地球家族―世界 30 か国のふつうのくらし』TOTO 出版

まりこふん 2014a『まりこふんの古墳ブック』山と渓谷社

まりこふん 2014b『古墳の歩き方』扶桑社

まりこふん 2018『はにわ』青月社

三浦考古ボランティアサークル石笛 1995『三浦市の塚』

三浦市 1974『目で見る三浦市史』

三浦市教育委員会 1987『三浦市民俗シリーズ（Ⅲ）海辺のくらし―松輪民俗誌―』

みうらじゅん 2004『ゆるキャラの本』扶桑社

みうらじゅん 2009『全日本ゆるキャラ公式ガイドブック』扶桑社

三浦の塚研究会 2002「塚と地域社会―三浦の塚研究会調査短報―」『民族考古』第 6 号

三浦の塚研究会 2003『漁村の考古学　三浦半島における近現代貝塚調査の概要』

三井宏隆 2000『セルフ・アイデンティティ・インタラクション』垣内出版

港区教育委員会・株式会社盤古堂 2006『上行寺跡・上行寺門前町屋跡遺跡発掘調

査報告書』
南葛野遺跡発掘調査団 1995『南葛野遺跡』
宮本馨太郎 1973『めし・みそ・はし・わん』岩崎美術社
宮本常一 1979『民具学の提唱』未来社
村野正景・岡村勝行 2015「アートな考古学の風景　①「アートと考古学」ってなに？」『考古学研究』62 巻 2 号
メタ・アーケオロジー研究会（編）2005『近現代考古学の射程～今なぜ近現代を語るのか～』六一書房
目の眼㈱ 2018「日本列島縄文アートめぐり」『目の眼』503 号
毛利和雄 2000「考古学ブームとマスコミ報道」『考古学ジャーナル』456 号
矢澤高太郎・下島綾美・草野 厚 2014「古墳探訪のすすめ」『三田評論』No.1183
矢島 新 2019『ゆるカワ日本美術史―ヴィジュアル版』祥伝社
山崎　健・織田銑一 2006「第 8 回動物考古学研究集会開催報告　発表要旨　近現代考古学における魚類流通モデル試論―神奈川県ヤキバの塚遺跡を事例として―」動物考古学研究会『動物考古学』第 22 号
山田仁和 2005「戦間期の新中間層家庭における洋食器の保有状況」鯨岡勝成先生追悼論文集刊行会『歴史智の構想―歴史哲学者 鯨岡勝成先生追悼論文集―』
山田仁和 2006「第 253 号遺構及び周辺の近代遺物出土遺構について」港区教育委員会・株式会社盤古堂『上行寺跡・上行寺門前町屋跡遺跡発掘調査報告書』
山田康弘 2018「文庫版あとがき」『縄文人の死生観』株式会社 KADOKAWA
山田康弘 2019a『縄文時代の歴史』講談社
山田康弘 2019b「基礎知識があれば，縄文時代はこんなに楽しくなる　考古学が描く真の縄文のすがた」【講談社現代新書インターネット記事】https://gendai.ismedia.jp/articles/-/59473
山根浩二 2001「原人は〝古代ロマン〟の象徴だ！」『サンデー毎日』2001 年 8 月 5 日号
横須賀市生活環境事業部 1989『清掃事業概要（昭和 63 年度）』
吉川 洋 1997『20 世紀の日本 6　高度成長』読売新聞社
吉澤石灰工業株式会社 1999『吉澤石灰工業 125 年史』
リブロポート 1980『生活財生態学』
和歌森太郎 1980「洋風生活の普及」『日本生活文化史 第 9 巻』河出書房新社
渡辺直哉 2003「ヤキバの塚遺跡　第 2 次調査」横須賀考古学会『横須賀考古会年報』38 号
渡辺直哉 2004「三浦半島における漁業史の民具学・考古学的研究―神奈川県三浦

市南下浦町松輪に所在するヤキバの塚遺跡を中心にして—」日本民具学会『日
民具学会第29回大会　講演・研究発表等要旨』
渡辺直哉2005「都市近郊漁村における村落生活—神奈川県三浦市における近現代貝塚の調査事例から—」メタ・アーケオロジー研究会（編）『近現代考古学の射程～今なぜ近現代を語るのか～』六一書房
渡辺直哉・山崎　健2006「第8回動物考古学研究集会開催報告　発表要旨　近現代貝塚における軟体動物の研究」動物考古学研究会『動物考古学』第22号
Dobres. M. and Robb, J.（ed.）2000 *Agency in Archaeology,* Routledge
Hill. J. N. and Gunn, J. 1977 *The Individual in Prehistory: Studies of Variability in Style in Prehistoric Technologys,* Academic Press
Holtorf, C. 2005 *From Stonehenge to Las Vegas: Archaeology as Popular Culture.* ALTAMILA.
Knapp, A.B. and van Dommelen, P. 2008 'Past practices: rethinking individuals and agents in archaeology', *Cambridge Archaeological Journal,* 18(1)
Karlin and Julien 1994 'Prehistoric technology: a cognitive science?' C. Renfrew & E, B. W. Zubrow（ed.）*The Ancient Mind: Elementa of cognitive archaeology,* Cambridge Univaersitu Press
Lunt, P. K. and Livingstone, S. M. 1992 *Mass Consumption and Personal Identity: Everyday economic experience.* Open University Press
Renfrew, C. 2003 *Figuring it out: What are we? Where do we come from? The parallel visions of artists and archaeologists.* Thames & Hudson
Renfrew, C. et al. 2004 *Sunbstance, Memory, Display: Archaeology and Art.* McDonald Institute for Archaeological Research. Cambridge
Thomas,J. 2004 *Archaeology and Modernity.* Routledge
Thomas, J. T, McCall G. and Lillios K. 2009 'Revisiting the Individual in Prehistory: Idiosyncratic Engraving Variation and the Neolithic Slate Plaques of the Iberian Peninsula', *Cambridge Archaeological Journal,* 19(1)

新聞記事

「遺跡も予算も発掘せよ　考古学施設のゆるキャラ続々」朝日新聞2010年11月29日
「古代史キャラ，乱立の世」朝日新聞2014年6月14日
「前方後円墳がキュート！？　“古代ロマン萌え女子が激増中”」毎日新聞2014年

11月17日
「東京五輪物語　新築の競技場襲った新潟地震」朝日新聞2015年11月21日夕刊
「古墳モテモテ，若者「グッズ安らぐ」イベントに2万人」日本経済新聞2017年5月25日
「古墳のくびれってカワイイ　女子魅了，驚きのグッズ続々」朝日新聞デジタル2018年5月27日

Webマガジン

「土偶の世界にハマる「土偶女子」が増加」 fashionsnap.com/article/2014-08-09/dogu-joshi/

ホームページ

大蔵屋ホームページ　http://okura-hd.jp/kofun/kofun-goods.html
くずう原人ホームページ：http://genjin.info/
古墳にコーフン協会ホームページ　https://kofun.jp
はにコットホームページ　https://hanicotto.com
藍寧舎ホームページ　http://ranneisha.com

おわりに

我々を取り囲む世界あるいは世の中は常に変化している。そして，時折その変化や出来事が印象深く個人や集団の記憶に残ることがある。現在まさにその象徴的な出来事の渦中にあるが，近現代という時代の考古学を志すものとして現在感じていることについて述べておきたい。

社会学者のA・ギディンズは近代の制度的特徴として，資本主義，産業主義，監視，軍事力をあげた（ギディンズ1993『近代とはいかなる時代か？』）。このうち，今世紀になって一気に進んだ情報技術（IT）の進歩によって大きく変貌したのが監視や軍事力であろう。監視社会は着実に近づいており，IT技術やドローンによって戦争のあり方も大きく変化している。また，ギディンズは近代の社会制度の発達に本質的に関連している「脱埋め込みメカニズム」の一つとして専門家システムをあげているが，専門家システムへの信頼は一種の信仰であると述べている。最近の日本や世界で起こった一連の出来事（コロナ禍・ウクライナ戦争・元首相暗殺）に際して，為政者やマスメディアが平然と民衆に対して情報操作をするなかで学者や医者などの専門家が重要な役割を演じている姿を目の当たりにし，ギディンズの指摘が正しかったことを実感した。近代がどんな時代であるか知ることは歴史学や考古学を志す我々研究者にとって必須であるが，それが文献史料や考古資料からではなく，現実世界の出来事から学ぶことになるとは実に皮肉なことである。

本書刊行にあたって，鈴木 透・山岸良二・山田仁和，文化財保存全国協議会・三田史学会の諸氏・諸機関にお世話になりました。また，出版にあたっては六一書房の八木唯史および及川 穣の両氏にお世話になり，妻 由比子には本書の文章チェックをお願いしました。皆様に感謝の意を表します。

本書は尚美学園大学総合政策学会の出版助成を受けて出版したものである。

2022年9月30日

櫻井 準也

著者紹介

櫻井準也（さくらい　じゅんや）

1958年新潟県生まれ。1988年慶應義塾大学文学研究科後期博士課程修了（史学博士）。慶應義塾藤沢校地埋蔵文化財調査室勤務，慶應義塾大学文学部非常勤講師，助教授を経て現在，尚美学園大学総合政策学部教授

主要著作

『モノが語る日本の近現代生活』（慶應義塾大学出版会，2004），『知覚と認知の考古学』（雄山閣出版，2004），『近現代考古学の射程』（編著書，六一書房，2005），『考古学が語る日本の近現代』（共著，同成社，2007），『近世・近現代考古学入門』（共著，慶應義塾大学出版会，2007），『歴史に語られた遺跡・遺物』（慶應義塾大学出版会，2011），『考古学とポピュラー・カルチャー』（同成社，2014），日本考古学協会編『日本考古学・最前線』（共著，雄山閣出版．2018），『増補 ガラス瓶の考古学』（六一書房，2019）

遺跡と現代社会

2023年3月20日　初版発行

著　　者　櫻井　準也
発 行 者　八木　唯史
発 行 所　株式会社　六一書房
〒101-0051　東京都千代田区神田神保町2-2-22
TEL 03-5281-6161　FAX 03-5281-6160　振替 00160-7-35346
https://www.book61.co.jp　E-mail　info@book61.co.jp
印刷・製本　藤原印刷株式会社
装　　丁　デザインスタジオ・クロップ　神原宏一

ISBN 978-4-86445-165-9　C1021

©Sakurai Junya 2023　Printed in Japan